人類のルーツに目覚め、
愛に生きる

The Laws of
Bronze

青銅の法

Awakening to Your Origin, Loving One Another

大川隆法
Ryuho Okawa

How to Raise Your Enthusiasm
The Spirit of Self-Sacrifice
Bronze Doors
The Opening of the Space Age
The Power to Spread Love

まえがき

『青銅《せいどう》の法《ほう》』とは、あなたがたが堅《かた》く護《まも》るべき普遍《ふへん》の法《ほう》である。

いまだこの世の科学や学問、社会常識では真理だと認められていなくとも、本書に書かれていることが、この地球神の教えである。

この神の教えを信ぜよ。これが現代の仏典《ぶってん》にして、聖書であり、コーランなのだから。

そしてこの日本の国に始まった新しい宗教が、民族宗教ではなく、世界宗教でもあり、スペース・ピープル（宇宙人類）への教えでもあることを、あなたがたは悟らねばならない。

エル・カンターレという隠《かく》されてきた神の名が明らかにされ、人類がそのルーツを知り、一つになる時が来たのである。

二〇一八年　十二月

幸福《こうふく》の科学《かがく》グループ創始者兼総裁《そうししゃけんそうさい》　大川隆法《おおかわりゅうほう》

青銅の法　目次

第2章　自己犠牲《じこぎせい》の精神《せいしん》
——世のため人のために尽《つ》くす生き方

第4章　宇宙《うちゅう》時代の幕開《まくあ》け

――自由、民主、信仰を広げるミッションに生きる

第5章　愛を広げる力

――あなたを突き動かす「神の愛」のエネルギー

第1章

How to Raise Your Enthusiasm

情《じょう》熱《ねつ》の高め方

無《む》私《し》のリーダーシップを目指す生き方

1　自分も他人《ひと》も、それぞれみな尊《とうと》いと考えてみる

与《あた》えられた人生シナリオの深い意味

幸福の科学は、活動を開始してから三十三年がたち、宗教《しゅうきょう》本体の活動以外《いがい》にもさまざまな関連《かんれん》事業を多角展開《てんかい》しています。

そのすべてに対して私の目が十分に届《とど》いているわけではありませんが、それらの基本的《きほん》な考え方そのものは、三十数年間に私が説《と》いてきたことがもとになっていて、それぞれの事業の方向性に合った活動がなされているものと信《しん》じています。

それらは、幸福の科学の信者が中心になって行《おこな》っているボランティア活動ではありますが、個々《ここ》の活動においては一般《いっぱん》の人々が参加《さんか》していることも多いのでは

ないかと思います。

例《たと》えば、障害《しょうがい》を持った子供《こども》たちを支援《しえん》する「ユー・アー・エンゼル！」運動というものがあります。この障害に関する運動にしても、幸福の科学の霊的《れいてき》な価値《かち》観《かん》に基《もと》づいた考え方が入っています。

今の世の中では、一般的には、「人間として生まれ、どのような体つきになって人生を生きるかといった、運命とも言うべきものは、ＤＮＡのなかにすべて入っている」というような言い方をされるのが普通《ふつう》でしょう。

確《たし》かに、肉体の設計図《せっけいず》と言うべきものはあって、成長《せいちょう》の過程《かてい》でそのように復元《ふくげん》されていくようになっているとは思います。

しかし、肉体のなかに入っている魂《たましい》は、外見として見えているものと同じではありません。たとえ、外見に出てきているところにいろいろと不自由《ふじゆう》な面がある人であっても、宿《やど》っている魂自体は、この世に生まれる前に、霊天上界《てんじょうかい》において健全《けんぜん》で、大人であった魂なのです。つまり、本来は、普通に考えることも、話すことも、聞くこともでき、「何かをしたい」という希望《きぼう》を持って生まれてきた人であると言えるでしょう。

もちろん、生まれるときに、何らかの事故《じこ》によって不具合が生じる場合もあるとは思いますが、そういうケースだけではなく、この地上にいろいろな人々が生まれるということが、一つの予定でもあるのです。

この世において、まったく同じような人たちばかりが生まれても困《こま》るわけです。そのため、男女の違《ちが》いや年齢《ねんれい》の違いがあり、外見についてもいろいろと違いがあります。そして、大人になるまでの間に、各人《かくじん》の適性《てきせい》や能力《のうりょく》等に合わせた進路というものが決まっていくわけです。

そのなかで、親になった人のほうは、「もっともっと自由で闊達《かったつ》な人生を生きたい」と思っていたとしても、生まれた子供が障害を持っていたり、育つ過程で病気になったりするようなこともあります。そうすると、思っていたよりもずっと重い荷物を背負《せお》ったかたちでの人生が続《つづ》いていくこともあるでしょう。

しかし、それも「あり」なのだと考えてほしいのです。

まったく同じ人生というのはありません。これが意外なところではありますが、たとえ同じ魂が生まれ変《か》わるにしても、そのときには時代も変わり、地域《ちいき》も変わり、そして、自分を取り巻《ま》く環境《かんきょう》も変わり、また、仕事のあり方も変わってくるわけです。

「人生は一回きり」ともよく言われます。この言葉は、「今回の人生は今回だけ」という意味では正しいのですが、その逆《ぎゃく》に、「人生は一回きりではない」というのも正しいのです。なぜなら、過去にも数多くの人生を経験《けいけん》しているし、未《み》来《らい》にも、おそらくは経験するからです。

今世《こんぜ》、男性に生まれたり、女性に生まれたり、あるいは、健全な肉体であったり、どこかに障害を持ったり、重い病《やまい》を持ったり、途中《とちゅう》から体に異変《いへん》が起きたりというように、人それぞれにいろいろなことはあるでしょう。ただ、それも、「わずか百年行くか行かないかという人生のなかで、一回、こういう経験をしてみなさいということで、シナリオが与《あた》えられたのだ」と考えたほうがよいと思います。

この世に生まれた人間にとっては、「どうして、自分にこんなシナリオが来るのか」ということが分からないことも多いかもしれません。しかし、「これまでの長い転生《てんしょう》において、自分はどのように生きてきたか。そして、今回、生まれてくる前の段階《だんかい》において、どういう両親を選《えら》び、どういう計画で地上に生まれてきたのか」というところまで知ってみると、「ああ、なるほど。今世は、これが勉強の課題《かだい》として与えられたのだな」ということが分かります。

特《とく》に、若《わか》い人であれば、他人《たにん》との比較《ひかく》が非常《ひじょう》に気になるところでしょうけれども、他人《ひと》とまったく同じでなくてもよいのです。自分と他の人とは違っていたとしても、それぞれに尊《とうと》く、その尊さにおいては等しいということを知ってください。

ハンディを持って生きる人々から与《あた》えられる勇気《ゆうき》

私は、三十年余《あま》り、宗教家として、いろいろなところで多くの人に元気を与《あた》えていかなければならない仕事をしてきました。しかし、やはり、生身《なまみ》の人間としてこの世に肉体を持っていると、天上界にいるときのようにはいかないところもあります。

すでに二千八百回以上の説法《せっぽう》をしましたけれども（二〇一八年十月時点）、先を考えると気の遠くなる感じがします。このままのペースでいくと、いずれは五千回を超《こ》えてしまうのではないかと思うのですが、「霧島連峰《きりしまれんぽう》のような高山を登るよりもきついかも」と思ってしまいます。

ただ、先を考えればそういうことになりますが、仕事としては、一個一個、一つひとつを積《つ》み上げていくことが大事なのです。

三十数年前に、私は最初《さいしょ》の座談会《ざだんかい》を行い、初《はじ》めての講演会《こうえんかい》もしました。そこから現在《げんざい》まで続いてきています。著作《ちょさく》の発刊《はっかん》点数も、二千四百冊《さつ》以上になりました（二〇一八年十月時点）。

そのように、普通にはありえないほどの生産性《せいさん》を持ってはいますが、すべてが、一つひとつ、一歩一歩の積み重ねであり、何か大きなものをドンと出そうとして行っているわけではありません。私としては、本当に、毎回毎回、一回一回の積み重ねで行っているのです。

そのなかに、先ほど述《の》べた「ユー・アー・エンゼル！」運動もあります。この活動は、幸福の科学のドキュメンタリー映画《えいが》「心に寄《よ》り添《そ》う。」（二〇一八年五月公開）のなかでも紹介《しょうかい》されていますけれども、ハンディを持ちつつ生活をしている人々の様子などを見ると、私も励《はげ》まされます。私の宿題と、彼ら彼女らの宿題と、どちらが重いかといえば、それは分かりません。彼らも大変だろうと思いますし、その姿《すがた》に私も励まされるところがあるのです。

2 「生涯現役《しょうがいげんえき》」で新しい才能《さいのう》を耕《たがや》す方法《ほうほう》

今日の一日は合格点《ごうかくてん》だったたか

人生を歩むなかで、人は疲《つか》れることがあっても、休息を取れば、なぜかまた力が湧《わ》いてくるものです。

例《たと》えば、政治《せいじ》運動をしている人は、街宣《がいせん》で声を張《は》り上げているうちに喉《のど》が潰《つぶ》れ、

「もう声が出ない」と思うかもしれませんが、しばらくすると復活《ふっかつ》し、また声が出るようになります。何時間か眠《ねむ》り、起きてみると、新しい陽《ひ》が昇《のぼ》っていくように、また力が湧いてくるのはありがたいことです。

私も、二千四百冊《さつ》もの本を書いても、いまだ止《や》まず、今も新刊《しんかん》が新聞広告《こうこく》に続々《ぞくぞく》と載《の》るような状態《じょうたい》です。「大川隆法という人は、本当にどこまでやる気なのだろう」と思う人もいるでしょう。

地方にお住まいの人のなかには、「東京へ行って一旗揚《ひとはたあ》げて、バーッと目立てばいいな」と思っている人もいるかもしれませんが、私は、そういう感じではなく、けっこう粘《ねば》り強いのです。一瞬《いっしゅん》のヒーローのようなものにはあまり惹《ひ》かれないタイプであり、やり続《つづ》けること、粘り続けることに快感《かいかん》を感じるほうなのです。

「もうこのあたりでギブアップかな」と思うときに、もう一歩を進める。そして、さらにもう一歩を進める。そのようにしているうちに、厳《きび》しい段階《だんかい》を通り越《こ》して軌道《きどう》に乗り始めるわけです。

私自身としては、こういうことをうれしく感じています。あまり振《ふ》り返ることはないのですが、「常《つね》に一歩を進める。毎日毎日、新しい一歩を進める」ということを考えています。その積《つ》み重ねです。

「この世に与《あた》えられた命は有限《ゆうげん》である」ということは決まっていることです。「この有限の命のなかで、何ができるか。この世でつくっている一日一日という枠《わく》のなかで、自分は何ができるか。今日の一日は合格点《ごうかくてん》だったか。自分としてやれるだけのことがやれたかどうか」ということを考えて進めてきましたし、これからもそのつもりでいます。

世間《せけん》では、私ぐらいの年齢《ねんれい》になると、すでに職《しょく》を辞《じ》して悠々自適《ゆうゆうじてき》の生活スタイルに入っている人もいるでしょう。それも、まことにありがたい、もったいない、そして、素晴《すば》らしい、結構《けっこう》な人生かと思います。

ただ、私のほうは「生涯現役《しょうがいげんえき》」を言われているので、長生きすればするほど働《はたら》き続けなければならなくなる状態が予想されるような、非常《ひじょう》に厳しい環境《かんきょう》下にいます。

みなさんには、楽に過《す》ごす期間が待っているかもしれませんし、現在《げんざい》の天皇陛《てんのうへい》下《か》もご退位《たいい》を楽しみにされている可能《かのう》性はあるでしょう。確《たし》かに、八十歳《さい》を過ぎても働くというだけでも大変《たいへん》なことだとは思います。

しかし、宗教家《しゅうきょうか》は、本来、「生涯現役」なので、命尽《つ》きるまで働き続けなければならないものだと考えています。

自分にはその才能《さいのう》がないと思っても、心掛《こころが》けから〝道〟は開ける

他の人を見れば、自分よりも恵《めぐ》まれた才能《さいのう》を持っていたり、恵まれた体力を持っていたりすることはたくさんあるでしょう。

例えば、ゴルフをプレーすれば一ラウンドで七、八キロは歩いたり、サッカーの試合《しあい》では一試合に十キロぐらいは走ったりするのでしょうけれども、そういうものをこなせる人は、それだけ元気なのだと思います。

もし、私にそのくらいの体力があれば、新幹線《しんかんせん》で各駅《かくえき》下車をしながら一地方を講演《こうえん》して回れる可能性もありますが、残念《ざんねん》ながら、サッカーの試合を全《まっと》うするほどの体力はありません。ただ、ものを書いたり、人前で話をしたり、判断事《はんだんごと》をしたりする面においては、今のところ困《こま》ったことはない状態です。これでも、体づくり、勉強、仕事等を、毎日毎日、コツコツと積み重ねています。

また、不思議《ふしぎ》なことに、若《わか》いころには「自分の才能はこんなものだ」と思っていたものであっても、やっていくうちに〝一つの道〟が大きく伸《の》びて広がっていくと、その近くにある〝別《べつ》の道〟も少しずつ開けていくようになるのです。自分にはそういう才能はないと思っていたようなものについても心掛《こころが》けておき、関心《かんしん》を持ち、勉強をしたり、他人《ひと》の活動等を見たりしているうちに、少しずつ〝道〟が開いていくようなことがあります。

これは、まことに不思議ですが、この年齢になっても、毎年毎年、「あっ、まだ、こんなことができるんだ」と感謝《かんしゃ》するようなことが出てくるわけです。これには、驚《おどろ》きを禁《きん》じえません。

五十歳《さい》を過《す》ぎてからも新しい能力《のうりょく》が

例えば、先ほど述《の》べた幸福の科学のドキュメンタリー映画《えいが》「心に寄《よ》り添《そ》う。」では、同名タイトルの主題歌「心に寄り添う。」という曲が使われているのですが、これは、私が作詞《さくし》・作曲をしたものです。私がマイクを握《にぎ》って歌った原曲を、もっと上手な人に歌ってもらっています。

しかし、私にはこういった才能《さいのう》があるなどと思ったこともありませんし、こういうことをすることになるとも思っていませんでした。もちろん、いまだに、自分のことを作詞・作曲のプロだとはまったく思ってもいません。

若いころに、女性に対してラブレター代わりに詩を書いて贈《おく》ったりしたことぐらいはありましたが、断《ことわ》られたという結果《けっか》を見れば、プロにはなれないレベルであったと、自分では思っていたのです。

ただ、何十年かたってみると、映画の主題歌や挿入歌《そうにゅうか》などを二十分ほどで作詞するようになっています。そして、マイクを握って五分ぐらい歌うと、一発で曲ができてしまいます。

もっとも、後ろには、●水澤有一《みずさわゆういち》さんという天才音楽家がついていて、映画用に多少の編曲《へんきょく》をしてくださっているので、それによって下駄《げた》を履《は》かせているところもだいぶあると思っています。

私の作曲を、音楽の天才は天才なりに「こういう楽想《がくそう》を持って歌いたいのだ

●水澤有一さん……　『知られざる天才作曲家　水澤有一「神秘の音楽」を語る』（幸福の科学出版刊）参照。

な」ということを聴《き》き取り、解釈《かいしゃく》し、見事な音楽に変《か》えてくださるので、できてみると、「そのとおりです。そういうことが歌いたかったんです」という感じになっています。

私は、映画の構想や、脚本《きゃくほん》の原案《げんあん》などもつくっていますが、それとともに、「こんな歌が欲《ほ》しいな」と思ったものを挿入歌や主題歌としてつくるのです。そうしているうちに、一つの世界観《かん》というか、芸術《げいじゅつ》空間が出来上がっていきます。また、脚本を書く人、あるいは、俳優《はいゆう》や女優、歌手など、今まではいなかったようなタイプの人もどんどん出てきているわけです。

このようなことをするとは、私自身、思ってもいなかったのですが、こういう能力も少しずつ出てきつつあるところでしょうか。

マスコミ等からは、「本を出すのは分かるけれども、音楽はいったいどこで勉強したのか」と言われることがありますが、特《とく》に勉強はしていないのです。

映画の製作《せいさく》をしたりするために、いろいろな映画を研究して、音楽も聴いているうちに、「こういう音楽が合っている」「これは合っていない」「こういうのがいい」というように、何となく耳ができてきたのだと思います。おそらく、五十歳《さい》を過《す》ぎて以降《いこう》も、新しい能力はできてきつつあるのではないかと感じるのです。

私は、語学を勉強するときには耳で聞いて覚《おぼ》えたりしているので、それと同じように、音楽も耳で勉強しているのでしょう。特に耳がいいとは思いませんし、もの覚えもあまりよくないほうなのですが、聞いているうちに、何となく全体をつかむような感じはできるわけです。

そのように、アバウトに繰《く》り返して聞いているうちに、全体をつかむような能力があるのかもしれません。そうすると、不思議なことに、音楽空間も出来上がっていくのです。決して才能があったとは言えないのですが、そういうものが出来上がっていきました。

3　強い人にも弱い人にも幸福を与《あた》えるリーダーとは

他人《ひと》の能力《のうりょく》に気づき、やってのけさせた事例《じれい》

現在《げんざい》、幸福の科学グループでは芸能人《げいのうじん》も育てつつあります。私自身は芸能人をやったことがないので、やや恥《は》ずかしい思いがないわけではありません。それでも、やはり、育ちつつあることは事実であり、素人《しろうと》だった人も芸能活動ができるようになっています。

例《たと》えば、映画《えいが》「心に寄《よ》り添《そ》う。」の出演者《しゅつえんしゃ》である希島凛《きじまりん》さんは、幸福の科学学園の第三期生です。

以前《いぜん》、面談する機会《きかい》があったときに、「希島凛さんを立てて、ドキュメンタリ

ーをやってみようじゃないか」と、私のほうからアイデアを出し、企画《きかく》を立てたら、それをやってくれたのです。

人それぞれにさまざまな能力があるものなので、「この人は、こういうことができるのではないか」というように、能力があることに気づき、それを発揮《はっき》するように勧《すす》め、やってのけさせると、自信《じしん》がついて、だんだんプロになっていく人も出てきます。

このように、「人を育てる」ということは、とても面白《おもしろ》く、また、将来的《しょうらい》にも期待できるところなのです。

他の人の道を開くために、自分の才能《さいのう》を生かす

若《わか》いころはみな、自分づくり、「自分を成功《せいこう》させるにはどうしたらよいか」ということに夢中《むちゅう》だろうと思います。私はそれを否定《ひてい》しません。そういう時期は、

やはり必要《ひつよう》でしょう。

ただ、一生、自分のためだけの人生を生きていてはいけません。若いころは、勉強をしたり運動をしたりと、自分づくりのためにさまざまな活動をし、一人前になって、世の中で一定の地位《ちい》を占《し》められるようになるまで頑張《がんば》るというのは、当たり前のことだと思います。しかし、一定のラインを超《こ》えたら、「お返しの人生」になっていかなければならないのです。「他人様《ひとさま》にお返しをしていかなければいけないのだ」と感じるようになる必要があるでしょう。

この途中《とちゅう》で、最《もっと》も難《むずか》しいところはどこでしょうか。

自己《じこ》実現をしていくとき、例えば、一生懸命《いっしょうけんめい》に勉強をしたり、運動をしたり、何かに打ち込《こ》んだりして、競争《きょうそう》のなかで打ち勝ち、他人よりも抜《ぬ》きん出て認《みと》められ、プロになることを目指し、そして職業《しょくぎょう》が成《な》り立つようなところまでは、普通《ふつう》に誰《だれ》もが考えるとおりです。ただ、こういう道を歩んできてプロになりつつも、そのなかで自我我欲《じががよく》を増大《ぞうだい》させないのは、極《きわ》めて難しいことだと思います。

初《はじ》めのうちは、そういうものがあってよいでしょう。しかし、成功すれば成功するほど、「自分は」「自分が」という自我我欲の思いが出てくると、次第《しだい》に、「もっと自分を宣伝《せんでん》したい」「もっと人に知られたい」「地位を得《え》たい」「お金が欲《ほ》しい」というようになっていきやすいのです。

そのような、偽我《ぎが》といわれる「偽物《にせもの》の自分」がたくさん出来上がっていき、それがもっともっと大きくなっていくようであれば、人生の後半は少々悲しいものがあります。

したがって、せっかく磨《みが》きに磨いてつくり上げた自分であるならば、やはり、他人様のために生かしていってほしいのです。「他人様のために、どのようにして自分を生かしていくか」というように考え方を変《か》えていってください。

どこかで、その自我我欲の部分を少し抑《おさ》え、「自分が他人様のためにできることは何かないか」と考えていくような方向に行かなければなりません。

ただ、これは、けっこう難しいことです。とても難しいのです。宗教修行《しゅうきょうしゅぎょう》としても、おそらく、最後《さいご》の最後まで残《のこ》るものだろうとは思います。

そうした「他人様のための人生」には、どのような生き方があるでしょうか。

その一つは、自分が社会的にある程度《ていど》の地位や収入《しゅうにゅう》などを得たり、一定の年齢《ねんれい》になってきたりしたなら、他の人々に生き筋《すじ》を示《しめ》したり、「どうすれば、よき人生を歩めるようになるか」を考えてあげたりすることです。そのように、ほかの人にも道を開いてあげるお手伝《てつだ》いをすることが大事でしょう。

「自我我欲《じがが よく》のリーダーシップ」から「無私《むし》のリーダーシップ」へ

たいていの人が、最初《さいしょ》は、自分のために他の人を動かすことばかりを考えているものです。自分のために人が動いたら、「これがリーダーだ」「これでリーダーになれるんだ」などと思うものですが、そのままであってはいけません。

それを超えていき、真のリーダーとなるには、やはり、人を生かすために、「多くの人々に、それぞれの道を開いてもらい、本人たちが思っている以上の道を生きてもらうにはどうしたらよいか」ということに心を配り、心を砕《くだ》いていかなければなりません。そのなかで、本当のリーダーになっていくわけです。

こうして、「自我我欲《じがが よく》のリーダーシップ」から「無私《むし》のリーダーシップ」へと移《うつ》っていかなければならないのです。

無私であること、自分のなかの「私《わたくし》」というものをなくしていくことは、とても難しいことです。本当に、とてもとても難しいことなのです。ただ、そのようになろうという志《こころざし》を持たないかぎりは、そうはならないでしょう。

ある雑誌《ざっし》によれば、皇太子妃《こうたいしひ》の雅子《まさこ》さまが、お気の毒《どく》な状況《じょうきょう》にある人たちの発表会を聴《き》かれて涙《なみだ》ぐまれた際《さい》に、皇后《こうごう》の美智子《みちこ》さまが、「私たちの仕事は公平無私でなければならないから、実際にこちらが涙ぐむようなお話をなされる方もいるけれども、そういうときでも、涙を見せないで堪《こら》えなさい」というようにおっしゃったといいます。私は、「ああ、そこまで考えていらっしゃるんだ。大変《たいへん》だな」と思いました。

人間であるならば、実際には、それぞれに好《す》き嫌《きら》いもあれば、感動するもの、しないものの違《ちが》いもたくさんあるでしょう。そうであっても、皇室の立場にある方として、国民《こくみん》に対して公正・公平に接《せっ》しようという気持ちを持つ努力《どりょく》をなさっているとと伝え聞き、「なかなか厳《きび》しいものだ。仕事というのは難しいな。人の上に立ったり、国民の象徴《しょうちょう》になったりするということは、難しいことだな」と感じました。

どのような人であっても「魂《たましい》においては平等」

幸福の科学にも数多くの職員がいます。そのなかで、組み合わせによっては、お互《たが》いに、好きだったり嫌いだったりするようなこともあるでしょうが、一つの理念《りねん》の下《もと》に協力《きょうりょく》しています。

また、信者にも、いろいろな人が集まっています。それぞれの人がみな、相性《あいしょう》のよい人ばかりではないでしょう。それでも、「一つの理念の下に、この世のための仕事を何か推《お》し進めることができればよい」という思いで来ているのではないかと思うのです。

私も、子供《こども》時代や学生時代、あるいは、実社会で仕事をしていた時代等に、人に対する好き嫌いがなかったかといえば、そんなことはなく、やはり、それをどうすれば抑えられるかということで苦しんでいたほうなのです。

相手と立場が対等であれば、意見の食い違いがあったとしても、「どうしたら、その違いを乗り越《こ》えられるか」ということで、お互いに意見を言い合えます。また、高い立場から言ってもよいのであれば、きちんと意見は言えます。しかし、自分のほうが下の立場である場合には、こちらが意見を言ってもまともに聞いてはもらえず、どうしても、「悪口を言っているか、批判《ひはん》をしているか、言うことをきかないでいるかにしか見えないだろうな」と思ったりして苦しんだことも多々ありました。

ただ、今、こういう仕事をしているなかでは、教団《きょうだん》内の信者、また、教団に関《かん》心《しん》を寄せる人々に対し、好き嫌いを明確《めいかく》に出すような態度《たいど》を取ったり、考え方を持ったり、接し方をしたりしてはいけないということは、常《つね》に思っています。

この世においては、障害《しょうがい》がある人に対して偏見《へんけん》を持っている人もいるでしょうし、そうでなくても、実際、会社で人を雇《やと》うときに、経営《けいえい》の厳しいところでは、やはり、体力があり、仕事の回転が速い人のほうがよいと思うようなことは、どうしても出てくるでしょう。

そういう、この世的な面はあるかもしれませんが、一人の宗教家として人に接するときには、やはり、いつも、「魂《たましい》においては平等だ」という気持ちを持たなければならないと思っています。

例えば今、インドには十三億《おく》もの人がいます。どこから出てくるのか分からないほど、大勢《おおぜい》の人がいますが、彼らもみな、社会が豊《ゆた》かになり、教育を与《あた》えられ、しかるべき仕事に就《つ》くことができれば、本来は立派《りっぱ》になる可能《かのう》性を持っています。しかし、現在、スラム街《がい》で生きていれば、そのようなチャンスはなかなか与えられないかもしれません。

その意味で、リーダーになっていく人の仕事の一つには、やはり、「どのようにして、多くの人々にチャンスの道を開くか。チャンスの多い社会をつくっていくか」ということもあるのではないでしょうか。

強い者にも弱い者にも、両方に心を開く

私は、強い者にも弱い者にも、両方に心を開きたいと考えています。

日本のなかで「強い」と言われる人は、それほど多くはいないかもしれませんが、それは、自力で成功していった人々のことだろうと思います。

そのような強い人々に対しては、「徳《とく》の大切さ」を説《と》きたい。徳が大事であり、多くの人々を導《みちび》く力、あるいは、親切にして、育《はぐく》む力が大切だということをお伝えしたい。弱い人々のためにも力を尽《つ》くすことが重要だということを教えたい。

そして、「リーダーとしての余徳《よとく》がなかったら、そこから先の発展《はってん》はない」ということも言っておきたい。そのように考えています。

また、弱者に分類《ぶんるい》される人々は、政治《せいじ》の面では「社会福祉《ふくし》」というような言葉

でまとめて言われることが多く、実際にそういうものがなければどうにもならない部分もあります。やはり、所得《しょとく》の分配が多少なりともなければやっていけないところはあり、余分に稼《かせ》いだ人からお金を移動《いどう》させることも必要な面はあるでしょう。

ただ、受け身の人生であってはいけないのです。いろいろな人々に支援《しえん》されつつ、この世に生きている証《あかし》をつくっていかなければならないとしても、そのなかで、「自分ができることは何か」ということを常に考えてほしいと思うのです。

いわゆるお布施《ふせ》などはできない状況にあったとしても、顔施《がんせ》（笑顔《えがお》）だけでもよいのです。体が自由に動かない。言葉も自由にならない。それなら、笑顔をつくる。人に笑顔を与える。これだけでも素晴《すば》らしいことです。

それは、立場を変えてみれば分かるでしょう。例えば、病院へ行ったときに、看護師《かんごし》さんが笑顔でいるかいないかでも、ずいぶん違うのではないでしょうか。

笑顔の看護師に出会うのと、苦虫《にがむし》を噛《か》み潰《つぶ》したような表情《ひょうじょう》の看護師に出会うのとでは、やはり違うわけです。

「何だか扱《あつか》いが悪いなあ」と思うと、「自分はもう、あまり長くいてはいけないのかな。病院にも迷惑《めいわく》がかかるし、ベッドも空《あ》かないし、国のほうも財政《ざいせい》赤字が続《つづ》いているから、早めに死んでほしいのかな。注射《ちゅうしゃ》でも打ち間違えてプスッとやってくれれば、あっさり逝《い》けるのに」とまで考えてしまう人もいるかもしれません。

しかし、そうは思わないでほしいのです。この世のなかでも、人を助ける側《がわ》の立場に立つ場合もあれば、助けられる側の立場に立つこともあります。今の立場が引っ繰《く》り返って、逆《ぎゃく》になることもあるわけです。

傲慢《ごうまん》な人生を生きている人であれば、家族のなかにそういう気づきを与えてくれるような人が出てくることによって、少しは反省《はんせい》しなければならなくなる状況が出てくるかもしれません。そういうときには、少し立ち止まってみてはどうかと思うことも多々あります。

自分の弱さやつらさを、「他人《ひと》を理解《りかい》する力」に

例えば、病人になることで、みなが当たり前に思っているような、人間としての基本《きほん》的な尊厳《そんげん》が失《うしな》われる部分も多いでしょう。

一例《いちれい》としては、尿《にょう》を採《と》るのが面倒《めんどう》くさいからと、車椅子《くるまいす》に乗るときであろうと、いつも、採尿《さいにょう》バッグをチューブで着けたままにして動いているようなこともあります。あれは本当に恥ずかしいだろうと思います。つらいでしょう。手抜きと言えば手抜きなのですが、お小水《しょうすい》を一回一回採ると面倒なので、そういうことをされるわけです。

また、〝おまる〟のようなものを使って、ほかの人に下《しも》の世話をしてもらうの

も、とてもつらいだろうと思います。それは、社会的に活躍《かつやく》した人であればあるほどつらいでしょうし、恥ずかしく感じることでしょう。

ただ、人間として、いろいろな人の立場や感情を理解《りかい》するためには、そういう経験《けいけん》も大事なことなのです。自分自身か、あるいは他の人がそういう経験をすることもあるかもしれません。それもまた、「自分が、人間として、真っ当に生きているのかどうか。当たり前の人間なのかどうか」を知るという意味では、非常《ひじょう》に大事なことでしょう。

人の弱さ、つらさ、厳しさ、悲しさ、こうしたものが分からないでいるようでは、例えば、文学などを読む資格《しかく》はないと思います。あるいは、芸術《げいじゅつ》等を味わう資格もないでしょう。

そういう感情や感性を育《はぐく》むことによって、多くの人々の気持ちが分かる人間になっていかなければならないと、私は思っています。

成功者《せいこうしゃ》は、他の人々を助け、お返しをしよう

幸福の科学は、基本的には、成功理論《せいこうりろん》が非常に強く、自己実現の理論もとても強く出してはいますが、それでもって、自己中心的な人をつくりたいわけではなく、多くの人たちのお世話ができるような人を数多くつくりたいと考えているのです。

私は、みなさんが自分を磨き、もう一《ひと》努力することによって、平凡《へいぼん》な人が平凡以上の仕事をできるようになり、平凡以上の人が優秀《ゆうしゅう》な仕事をできるようになり、優秀な人が天才的な仕事をできるようになっていく道について説いてはいます。しかし、それは、その人自身だけで完結《かんけつ》することではありません。そのようになったならば、周《まわ》りの人々にそのお返しをしていくことが、とてもとても大事だと教えているのです。

「縁起《えんぎ》の思想」や「因果《いんが》の理法《りほう》」として仏教《ぶっきょう》や幸福の科学でも教えている「原因・結果《けっか》の法則《ほうそく》」というものは、この世においてもけっこうしっかりとあります。したがって、きちんと努力をすれば、それなりの結果が出てくることがあるわけです。

「志《こころざし》」があり、「継続《けいぞく》する努力」があり、そして、精神《せいしん》的に耐《た》え抜く「忍耐力《にんたいりょく》」があれば、「原因・結果の法則」によって、必《かなら》ず何らかの成果は出てきます。

もっとも、この世で完結しなかった場合には、あの世に持ち越すということもあります。死後に評価《ひょうか》されるようになる人もいるので、すべてがこの世で完結するとまでは言えないものの、努力は必ず結果を生みます。この努力を起こさせるのが、やはり、「志」の問題なのです。

人間は、魂としてはみな平等であり、すべての人に幸福になる権利《けんり》や資格があります。ただ、いろいろなバリア（障壁《しょうへき》）があって、そのようにはなれない人も大勢《おおぜい》いるのです。ですから、成功をした人には、できれば、そういう人々を助けていくような力を持ってほしいと思っています。

今、幸福の科学も、成長すればこそ、いろいろな関連《かんれん》の仕事もできるようになっています。障害者支援を行《おこな》ったり、自殺防止《じさつぼうし》キャンペーンや、不登校児《ふとうこうじ》の支援等も行ったりしています。

一律《いちりつ》の活動だけでは、どうしても、そこから落ちこぼれたり、はみ出したりしてしまう人も出てくるので、そういう多様な人々を受け入れるためには、こまめな活動も要《い》るのです。そのため、宗教法人のほうではできない部分については、NPO活動等を通じて、信者が自主的にさまざまな活動をしているわけです。

4 「一人の人生」から「新たな国づくり」まで

幸福実現党《じつげんとう》の九年の活動で地方議員《ぎいん》を多数輩出《はいしゅつ》

幸福の科学グループでは、政治《せいじ》についても九年ほど活動していますが、実績《じっせき》としてはまだまだ十分ではありません。今、幸福実現党《じつげんとう》の地方議会《ぎかい》議員がだいぶ出てきてはいますが（二〇一八年十月時点で公認議員二十一名）、これは、もう一《いち》段粘《だんねば》らなければいけないと考えています。

地方議員でも、全国でかなりの数を出していけば、常時《じょうじ》、政治活動をしている状態《じょうたい》にはなります。国政まで出るには、選挙《せんきょ》期間の二週間程度《ていど》を活動するだけではなかなか大変《たいへん》です。地盤《じばん》を持っている人がかなりいるので、それほど簡単《かんたん》なことではないのです。やはり、政治活動が日常化していくような地方を数多くつくっていくことで、基礎層《きそそう》が増《ふ》えていくと考えています。

今のところ、まだ、宗教《しゅうきょう》としては、投票《とうひょう》行動にまで結《むす》びつくような活動が十分にはできていません。ほかの宗教団体《だんたい》について聞いてみると、やはり、専門的《せんもん》に政治活動をやっていれば、普通《ふつう》は信者《しんじゃ》数のだいたい十倍ぐらいの票は取れると言っています。そうだろうと思います。

幸福の科学も、以前《いぜん》は自前で立候補者《りっこうほしゃ》を出さずに、保守系《ほしゅけい》の議員等を応援《おうえん》していた時期もありました。

例《たと》えば、東京のある選挙区で、自民《じみん》党は新人を出そうとしていたものの、他の公認《こうにん》候補も立てていたため、このままでは落選してしまうという状況《じょうきょう》がありました。そこで、今、総理大臣《そうりだいじん》を務《つと》めているような方が当会に対し、「この候補者は支援《しえん》団体が何もないのだけれども、私は通したいと思っている。すまないけれども、応援してもらえないか」と頼《たの》んできたわけです。

その新人は当初《とうしょ》、二、三十万票しか取れないだろうと予想されていたのですが、当会が応援したところ、六十九万票ほど取って当選しました。結果的《けっか》には自民公認の候補を破《やぶ》ったのです。

ほかにも、知事選で当会が応援した人が百万票ほど取ったこともありました。名前は言いませんが、かつて剣道部《けんどう》だった私のように、〝青春の剣道〟をやっていたような人が、出馬をする際《さい》に、後援する団体がないということで、幸福の科学の東京正心館《しょうしんかん》と総本山《そうほんざん》・未来館《みらいかん》に「お願《ねが》いします」と頭を下げて回っていましたが、好感《こうかん》の持てる方だったと思います。

支援団体がどこもないというその方に、「では、当会で支援しましょうか」と言って応援したところ、百万票ほど取れたのです。

ただ、幸福実現党として自前の候補者を出すとなると、世間《せけん》の態度も変《か》わるのです。「うん？　大丈夫《だいじょうぶ》かな？　この人、大丈夫かな？　本当に大丈夫なのかな？」といった目が働《はたら》いて、普通の活動とはまったく違《ちが》ってきます。

いずれにしても、当会の場合は、ほかの宗教団体が「このくらいの票が取れる」などと言っているのとは、若干《じゃっかん》違う面があります。もし、全国で既存《きそん》の政治家を応援した場合、今までの実績からすれば、おそらく一千万票を超《こ》えるのではないでしょうか。

しかし、内部の信者を候補者として立てて当選させようとすると、残念《ざんねん》ながら、知名度が低《ひく》く、すでに当選したことのある人の、岩盤のような強さには勝てないでいます。はっきり言えば、幸福の科学のなかの人でも、その候補者を知らないことがあります。教団内知名度もなく、教団外知名度もないために、応援したくても、「この人、どんな人？」ということになってしまっているのでしょう。

先ほど述《の》べた希島凛《きじまりん》さんにしても、もし、いつも司会《しかい》などをして全国を回っていれば、認知はされるでしょうが、一地域《ちいき》だけで活動していたら、ほかのところへ行っても知名度は得《え》られません。そういうことはあるかもしれないので、まだまだ時間はかかると思っています。

その間に、幸福の科学というところが、「どういう考え方を持って、日本の国の人々を導《みちび》こうとしているのか」を分かってもらうことが大事かと考えています。

「幸福の科学を学べば、国づくりができる」と語った外交官《がいこうかん》たち

私たちが導こうとしているのは、日本だけではありません。以前、二人のトルコ人が新たに幸福の科学の信者になった話が、当会の布教誌《ふきょうし》（月刊《げっかん》「幸福の科学」二〇一八年二月号）に載《の》っていました。今、トルコは、政治的には混沌《こんとん》としており、戦争《せんそう》も戦乱《せんらん》もあって、かなりグチャグチャな状況になっています。

彼らが学んだのは英訳《えいやく》の教えだと思いますが、幸福の科学の教えを知り、「こ

れこそ、トルコに必要《ひつよう》な教えだ」と言っているようです。私も、「やはり、そうか」と思ったのです。

以前、アフリカの人も同じようなことを言っていました。コンゴから外交官《がいこうかん》として来た人が、当会の本を読んで勉強し、ときどき、講演会《こうえんかい》にも来ているようですが、「幸福の科学の教えがあれば、わが国も〝明治維新《いしん》〟を起こして、つくり直すことができる」と思ったそうなのです。

そのような反応《はんのう》は、ほかの国の人でも同様です。ウガンダやベナンなどの人もそうですし、イランの人もそういったことを言っています。

ただ、イスラム教国であるイランなどでは、公式に「幸福の科学の信者」と言うと死刑《しけい》になる恐《おそ》れもあるため、言いにくいところもありますが、学習メンバーというかたちで広がっています。今は百人ぐらいメンバーがいるようであり、現地での講演会開催《かいさい》も希望《きぼう》していると聞きます。とはいえ、イランでは一つの信仰《しんこう》しか持ってはいけないことになっており、改宗《かいしゅう》すると死刑になるというような恐ろしい規定《きてい》もあるために、なかなかできないでいます。

一方、幸福の科学は、他のいかなる宗教に入っている人でも入信できることになっています。その意味で、幸福の科学は実にいい宗教であると言えるかもしれません。「幸福の科学は、あらゆる宗教を全部まとめている宗教なので、どうぞ、お入りください」と言うことができるのです。

そのように、イスラム教徒《きょうと》をやめなくても幸福の科学に入れるという意味では、ありがたいところがあり、彼らも平気で勉強ができているわけです。

私のところに、アラビア語の『コーラン』等が届《とど》けられることもあります。人生に余裕《よゆう》があればアラビア語もマスターしたいとは思いますが、日本語と同じぐらい難《むずか》しいと言われるほど、世界最難関語《さいなんかんご》の一つなので、なかなかそこまでは行かないかもしれません。

5　情熱《じょうねつ》が冷《さ》めないように維持《いじ》する方法《ほうほう》

三十数年で世界百カ国以上《いじょう》にまで広がった組織《そしき》

以上《いじょう》、さまざまなことを述《の》べてきました。幸福の科学の教えのなかには、政治《せいじ》、経済《けいざい》、宗教《しゅうきょう》、文化、芸能《げいのう》、教育、その他、いろいろなものがすべて入っています。諸《しょ》外国の人々が言われているように、これをそっくり学べば、「国づくりをどのようにすればよいか」ということがすべて分かるのです。

その意味では、日本の幸福の科学の信者《しんじゃ》のみなさんも、もう少し自信を持ってほしいと思います。そして、自信を持つことができたら、「もっと広げてもいいんだ」という気持ちになってください。日本の国のなかで、もっともっと情熱《じょうねつ》が高まっていき、この教えを広げることができれば、外国にもさらに広げていく力が出てくるでしょう。

やはり、百カ国以上に伝道《でんどう》するのはなかなか大変《たいへん》なことです。それはそれは大変なものです。生活レベルにもそうとう差《さ》があり、収入《しゅうにゅう》は日本の百分の一ぐらいしかないようなところも多いので、採算《さいさん》はそれほど簡単《かんたん》に取れるわけでもありません。

また、場所によっては、例《たと》えば、インドやネパールなどでセミナーや講演会《こうえんかい》等をすると、そのあと、立食パーティーをしなければならない習慣《しゅうかん》があるようなところもあります。そういうところでは、必《かなら》ずしも私の話を聴《き》くために来る人ばかりではなく、食べ物が振《ふ》る舞《ま》われることを目当てに来る人も大勢《おおぜい》いるので、なかなか採算を取るどころではないでしょう。

そのため、ＯＤＡ（政府《せいふ》開発援助《えんじょ》）のようなことをしている気持ちになる場合もあるものの、とにかく話を聴いてもらわなければならないので、最初《さいしょ》はそのくらいでもしかたがないかと思ってはいます。やがては、その国の信者独自《どくじ》で採算が取れる経営《けいえい》をしていけるようにしたいと考えていますが、そこまでできるようになるには、まだまだ時間がかかるでしょう。

この三十数年間の活動を通し、私は、「幸福の科学は、もっともっと可能性《かのう》があり、もっともっと多くの人に知られるべき宗教である」と考えています。そして、「幸福の科学は、世界の人々を救《すく》える宗教である」と思っています。したがって、信者のみなさんは、どうか、新しい大きなうねりをつくっていってください。

一日一回、誰《だれ》かに「素晴《すば》らしいね」と言える自分に

この活動においては、熱《ねっ》しやすいのはとてもよいことですが、同時に冷《さ》めやす

くあってはなりません。そこを冷めないように保温《ほおん》するための下支《したざさ》えを、お互《たが》いに努力《どりょく》してつくってほしいのです。

「ほら、冷めてきたぞ！　頑張《がんば》れ！　もっと、もっと、もっと！　まだ冷めずに、もうちょっと、もうちょっと、もうちょっと。今年いっぱいは頑張ろう。そして、来年もまた頑張ろうね」というように、どうか、共《とも》に支え合いながら、情熱が冷めないように維持《いじ》する方法《ほうほう》をつくり上げてください。

そのためには、お互いに「素晴《すば》らしいね」と言い合える関係《かんけい》をつくることが大事だと思います。一日に一回でもよいので、誰《だれ》かに対して、「素晴らしいね」と言えるような自分になりましょう。

やはり、人からそういうことを言ってもらえると、やる気が出てくるものです。誰でもそうではないでしょうか。

自分も、まだそれほどよく知らない人から、「あなたは素晴らしいね」と言われたら、やる気がグッと出てくるでしょう。そうであるならば、自分からも言うように努力しましょう。そうすると、熱しやすいところだけでなく、冷めやすいところについてもググッと持ち上がり、「今日も『素晴らしいね』と言われたな。頑張らなくっちゃ」という気持ちになっていくのではないでしょうか。

どうか、その「元気」と「勇気《ゆうき》」をつくり出す自動システムを開発していってください。

力強く人生を歩むための「四つの力」

「知力」「体力」「気力」という、これら三つはすべて、
極《きわ》めて相関《そうかん》関係があるのです。
要《よう》するに、「体力の衰《おとろ》え」は
「気力の衰え」につながってくるのです。
また、「体力の衰え」は「知力の衰え」にもつながっていきます。
そして、知力が足りないと気力のほうも落ちてくるのです。

●悪霊《あくれい》などと戦《たたか》うときにも、

●悪霊　天国に還《かえ》っていない不成仏霊《ふじょうぶつれい》や地獄霊《じごくれい》を総称して、「悪霊《あくれい》」と呼ぶ。そのなかでも、強烈な怨念《おんねん》を持った、復讐心《ふくしゅうしん》の強い霊のことを「悪霊《あくりょう》」といい、さらに凶悪で、積極的な意図をもって他人を貶《おとし》め、不幸にしようと画策している霊のことを「悪魔《あくま》」という。

やはり「念力《ねんりき》」というものが非常《ひじょう》に必要《ひつよう》なのです。

この念力の基礎《きそ》になるのは何かというと、「知力」も当然《とうぜん》ありますが、「知力」「体力」「気力」、これらの三つから来るのです。


特《とく》に「体力」ですが、そのなかでもとりわけ筋肉質《きんにくしつ》の体力を持っていないと、念力は非常に出にくいのです。

念力を出すためには筋肉質の体力を持つことが必要です。

これが霊障《れいしょう》になりにくい人の特徴《とくちょう》なのです。

ですから、よく体を鍛《きた》えて筋肉の維持《いじ》をすることが大事です。

ここから力が出てきます。

そして、悪霊を撃退《げきたい》する念力が出てくるのです。

人間関係《かんけい》の苦しみは「人生の問題集」

今、あなたの人生の幸福・不幸《ふこう》を分けているのは、
実は、あなたの身近にいる人、あなたにご縁《えん》のある
二十人か三十人ぐらいのグループの人であり、
そのなかで、あなたがたの幸・不幸は、
おそらく決まってくるだろうと思います。

その人たちは、実際《じっさい》に、この世であなたが
「出会うべくして出会った人」であることが非常《ひじょう》に多いわけです。

あなたが人生の修行《しゅぎょう》をする上で、どうしても必要《ひつよう》で、あるときに、確実《かくじつ》に、絶対《ぜったい》に一度は出会うように仕組まれている、ご縁のある人がいるのです。

そのなかには、あなたに優《やさ》しく接《せっ》してくれる人もいれば、何かを厳《きび》しく教えてくれたり、試練《しれん》を与《あた》えてくれたりする人もいます。しかし、必《かなら》ず出会わなければいけない人がいるのです。

これが、ある意味での「人生の問題集」でもあります。
「あなたの問題集として、この人とこの人に出会わなければいけない。そして、過去世《かこぜ》で持ち越《こ》した課題《かだい》を、今世《こんぜ》、解決《かいけつ》しなければいけない」
ということがあるのです。

例《たと》えば、「過去世で、もともとは仲《なか》の良《よ》い関係《かんけい》だったり、
親子や兄弟、夫婦《ふうふ》だったりしたのに、
人生の途中《とちゅう》で非常に仲が悪くなり、憎《にく》しみを生んだ」という場合、
今世では、以前《いぜん》とは違《ちが》った関係で出会い、
「今回は、どうなるか」ということが試《ため》されるわけです。

このように、愛《あい》したり憎んだりする愛憎《あいぞう》関係の問題が出てくる場合、
しかも、それが、
あなたの人生に深い影響《えいきょう》を与えるような相手の場合には、
たいてい、過去世から来ている「神仕組《かみしく》み」として、

それが人生の問題集のなかに入っていることが多いのです。


今、自分が直面している苦しみについては、

「たまたま運が悪かったせいだ」などと思うのではなく、

「自分に与えられている〝問題集〟の一つなのだ」

と思ったほうがよいのです。

必然《ひつぜん》的に、そうなるべくしてなっていることが、
非常に多いということを知っていただきたいと思います。

第2章

The Spirit of Self-Sacrifice

自《じ》己《こ》犠《ぎ》牲《せい》の精《せい》神《しん》

世のため人のために尽《つ》くす生き方

1 「権利《けんり》、権利の世の中」で失《うしな》われた美徳《びとく》

宗教的《しゅうきょう》精神《せいしん》を持った人に共通《きょうつう》する「自己犠牲《じこぎせい》の精神」

本章では、宗教的《しゅうきょう》な心のあり方の一側面《そくめん》である「自己犠牲《じこぎせい》の精神《せいしん》」について述《の》べてみたいと思います。

老人《ろうじん》の繰《く》り言《ごと》のように聞こえると、たいへん情《なさ》けないことであるとは思うのですが、最近《さいきん》の若《わか》い方々を見ていると、「どうも自己犠牲の精神のようなものが分からないのではないか」と思うことがよくあります。

日本国憲法《けんぽう》もそうですし、現代《げんだい》教育もそうなのですが、基本《きほん》的には人間としての権利《けんり》の主張《しゅちょう》の仕方を一生懸命《いっしょうけんめい》教えています。そして、「それを獲得《かくとく》することは、

より民主化《みんしゅか》した自由な世界、そうした未来《みらい》に近づくことだ」ということを教えているように思います。

もちろん、幸福の科学の考えのなかにも、そういうものは入っているので、それを否定《ひてい》する気はありません。

しかしながら、歴史上《れきしじょう》の宗教家や宗教的精神を持った方々の人生を見るかぎり、共通《きょうつう》して言えることは、「どの方も多い少ないはあったとしても、自己犠牲の精神をお持ちであったのではないか」ということです。

現代では、これが分からなくなってきているために、宗教とは何かが分からなくなってきていますし、宗教的人格《じんかく》も分からなくなっていますし、宗教のなしている、さまざまな救済《きゅうさい》活動の意味も分からなくなっているのではないかと思います。

この「自己犠牲の精神」が正しく理解《りかい》されていたら、宗教家には、自《みずか》らの仕事への誇《ほこ》りや自信《じしん》が湧《わ》いてくると思いますし、宗教を見ている人たちにも、宗教に対する崇敬《すうけい》の念《ねん》というか、それを尊《たっと》ぶ気持ちが湧いてきて、一歩下がって敬《うやま》う気持ちも出てくるのではないかと思うのです。

自然界《しぜんかい》の「自己保存《じこほぞん》の法則《ほうそく》」に逆《さか》らって生きた人たち

とにかく、「権利、権利」の世の中ではあります。

「相手が権利を主張してくる以上《いじょう》、こちらも権利を主張して議論《ぎろん》を戦《たたか》わせ、最後に裁判《さいばん》になっても、それに勝つ」というようなことも、近代的知性《ちせい》の働《はたら》きであることは事実だと思いますし、「〝チャンバラ精神〟が法廷闘争《ほうていとうそう》などの議論に変《か》わってきている」と言えば、そうなのかもしれません。

それを「無効《むこう》である」「まったく無駄《むだ》である」と言うつもりはありません。

自然界《しぜんかい》では、強い動物が生き残《のこ》り、弱い動物が食べられていくように、人間界においても、戦いに強い者が生き残り、弱い者が滅《ほろ》びていくのは、〝淘汰《とうた》の精神〟においては当然《とうぜん》のことなのかもしれません。

ところが、歴史上には、「時代の流れに逆流《ぎゃくりゅう》して生きる人」がときどき出てきます。これはまことに不思議《ふしぎ》なことです。

そういう人は、同時代の人になかなか理解されないところは多いのですが、自己《じこ》犠牲の精神は、言ってみれば、自然界の法則《ほうそく》に逆《さか》らっているのです。

この世に生まれて生きている人間だけではなく、動物も植物もそうだと思いますが、みな、「自分を護《まも》る」ということを中心にしており、それで生活が成《な》り立っています。

自分を護ることを中心に考え、「自分を護るためには、ほかの人が犠牲になってもやむをえない」という考えが基本的にはあります。それは、「自分以外のものを食べてでも、自分が生き残る」というようなことでしょうか。そういうことが言えます。

私は、ダイエーの創業者《そうぎょうしゃ》である中内㓛《なかうちいさお》さんの伝記《でんき》を取り扱《あつか》ったドキュメンタリー番組を観《み》たことがあります。

そのなかで、中内さんがジャーナリストに対して、「戦争《せんそう》で南方戦線に行っていたとき、いちばん怖《こわ》かったことは何だと思うか」と問いかけていました。そのジャーナリストは、「もちろん、銃弾《じゅうだん》でしょう。銃弾で敵兵《てきへい》に殺《ころ》されることがいちばん怖かったでしょう」と答えていました。

すると、中内さんは、「いや、そうじゃないんだ。隣《となり》で寝《ね》ている日本人が怖かった。『自分が先に眠《ねむ》ると殺されるかもしれない』という気持ちがあった」というようなことを言っていました。要《よう》するに、「自分が食糧《しょくりょう》にされるかもしれない」という恐怖《きょうふ》を感じたわけです。

「戦争のなかには、ある種《しゅ》の地獄《じごく》がある」ということは事実であろうと思いますし、人間には、自分が生き延《の》びるために、最後には同僚《どうりょう》をも食べてしまうようなところがあるかもしれません。そういう事件《じけん》はかつてありましたし、劇映画《げきえいが》になっているものもあります。

しかし、そのような自然界の法則である「自己保存《ほぞん》の法則」に逆らって生きている人たちもいるわけです。そういう人たちのことも、やはり、人々は忘《わす》れないでいるのではないかと思います。

2　自己犠牲に生きた偉人たち①

――信念《しんねん》を曲げなかったソクラテス

実は霊能者《れいのうしゃ》だった「哲学の祖《てつがくのそ》」の仕事

「哲学《てつがく》の祖《そ》」とも言えるソクラテスは、「青年をたぶらかした罪《つみ》」と「神を侮辱《ぶじょく》した罪」に問われました。

当時の国会のようなものは、陪審員《ばいしんいん》による裁判所《さいばんしょ》を兼《か》ねたもののだったようで、数百人の人たちが参加《さんか》していたと思います。

ソクラテスは、「青年たちをたぶらかした」として告発《こくはつ》されたわけですが、彼は「産婆術《さんばじゅつ》」と称《しょう》して哲学の議論《ぎろん》をし、「自分は、人々が本来持っている知識《ちしき》、知に目覚《めざ》めるための産婆の役をしているにすぎない」と言っていました。そして、「対話的手法《しゅほう》で議論の相手の間違《まちが》いを指摘《してき》し、考えを変《か》えさせていく」というようなことをやっていたのです。

その議論のなかには、当時の有名人、知識人に当たる人たちを侮辱しているような内容《ないよう》がかなりあったでしょうし、ソクラテスは、当時のギリシャ、アテネの通説《つうせつ》に当たるようなことに反することもやっていました。

また、彼は、当時の伝統《でんとう》的な神ではなく、「ダイモン」という、自分の守護神《しゅごしん》とも守護霊《しゅごれい》とも言われるものの言葉を聞いていました。彼は霊能者《れいのうしゃ》であったわけです。

その守護神は、「あれをしろ」「これをしろ」とは決して言わず、「これをしてはいけない」ということだけを言っていたようです。したがって、守護神が何も言わなければ自由にやってよかったのです。

これは、まるで、近代の経済学者《けいざい》で、哲学者でもあったハイエクの考え方●のようです。

ハイエクは、「自由」の領域《りょういき》を広げ、「法律《ほうりつ》は、『これをしてはいけない』ということだけを定めている。つまり、法律が定めていないものについては、自由にやってよろしい。法律がないものに対しては自由である。法律は自由を押《お》しとどめる最小限《さいしょうげん》の部分なのだ」というようなことを言っています。

ソクラテスにもそういうところがあって、彼の守護霊は、「やってはいけないこと」については言うのですが、「こうしろ」「ああしろ」とは言わないのです。

ソクラテスは、その裁判のなかで、「ソクラテスの弁明《べんめい》」と言われる有名な反論をしています。これは今でも岩波《いわなみ》文庫などで手に入ります。

そのように歴史《れきし》的な、二千五百年も遺《のこ》っている弁論をしたので、民衆《みんしゅう》が「恐《おそ》れ入りました。参《まい》りました」となったかというと、そうではなく、有罪《ゆうざい》への賛成票《さんせいひょう》

●ハイエクの考え方……　幸福の科学の霊査《れいさ》によると、ハイエクの過去世《かこぜ》の1つはソクラテスであることが判明している。『未来創造の経済学――公開霊言　ハイエク・ケインズ・シュンペーター――』（幸福の科学出版刊）参照。

のほうが多く入り、有罪判決が出ました。

さらに、「死刑《しけい》にするかどうか」を決める段階《だんかい》では、ソクラテスの弁論を聴《き》いて民衆はさらに激昂《げっこう》し、「こういう反論をする者は許《ゆる》せない」ということで、賛成票はもっと増《ふ》える結果《けっか》になったのです。

なぜ、迫害《はくがい》を受けても信念《しんねん》を曲げなかったのか

ただ、ソクラテスはすぐに処刑《しょけい》されたのではありません。年に一回の祭りがあり、その期間には死刑を執行《しっこう》してはいけないことになっていたので、その間《かん》、牢《ろう》屋《や》に放置《ほうち》されていました。

そのため、弟子《でし》たちが画策《かくさく》し、牢番を買収《ばいしゅう》したりして、ソクラテスを逃《に》がそうとしたのですが、牢を開けてもらっても、彼は逃げませんでした。

彼は、当時のアテネの法を「悪法だ」と思ったのですが、「悪法であっても法

である。哲学を説《と》き、真理を説いた者である私自身が、『法を破《やぶ》ってもよい』ということを身をもって示《しめ》したら、後世、法を破る者が続出《ぞくしゅつ》して、止《と》めようがなくなるだろう。悪法もあるけれども、人間がつくるものに完全《かんぜん》なものはないのだから、『悪法だ』と思ったら、そのときに改《あらた》めればよいのであり、つくられた法に従《したが》うのは人間としての義務《ぎむ》である」と考えたのです。

そして、自分の守護神が「逃げろ」と言わないので、「ここで死ぬべき運命だ」と思い、従容《しょうよう》として毒《どく》ニンジンを飲み、死んでいきました。

当時、彼の二人目の妻《つま》は、まだ小さい子供《こども》を抱《かか》えていて、「五歳《さい》ぐらいの子供もいた」「乳飲《ちの》み子もいた」という説もあるぐらいなので、牢から逃げずに死ぬことは、家庭の夫《おっと》としては義務の放棄《ほうき》ではあります。

しかし、それよりも、法治《ほうち》国家として機能《きのう》し始めているアテネの制度《せいど》を護《まも》ろうとしたのかもしれません。また、民衆が多数決で自分を死罪とした以上《いじょう》、逃げることをよしとしなかったのかもしれません。

そのようなかたちで死んでいった方がいるのです。

四十歳ぐらい年下の弟子であったプラトンは、ソクラテスの死のころには、まだ二十代の後半ぐらいだったと思われます。そのプラトンは後《のち》に、一生懸命《いっしょうけんめい》、対話篇《へん》を書き、「ソクラテスがいかに偉大《いだい》だったか」ということを示し続《つづ》けました。どこまでが実際《じっさい》に聴いたことで、どこまでが創作《そうさく》なのかは分かりませんが、プラトンが大量《たいりょう》の本を書いたため、ソクラテスの偉人像《ぞう》が後世に遺っているわけです。

3 自己犠牲に生きた偉人たち②

――イエスとその弟子《でし》たちが死をもって示《しめ》した価値《かち》

歴史上《れきしじょう》、新しい真理は、時代に合わず迫害《はくがい》されることがある

そのように、新しい真理を説《と》くと、その時代には合わなくて迫害《はくがい》を受けることもあります。しかし、その迫害を甘《あま》んじて受け、死ぬことによって、自分が信念《しんねん》を曲げなかったことを実証《じっしょう》する人もいるのです。

こういう方は、歴史上《れきしじょう》、たくさんいます。

アメリカは、日本人から見れば、自我《じが》の国というか、自我がぶつかり合っているような国です。「自我をつくることが教育だ」と思っているようなところもありますし、「一人前になるとは、自分を護《まも》り、敵《てき》を攻撃《こうげき》し、戦《たたか》えるようになることだ」という考えも、その教育の背景《はいけい》にはあると思うのです。

ただ、そういうアメリカであっても、例《たと》えば、暗殺《あんさつ》された人たちに対する尊敬《そんけい》の念はあります。例えば、リンカン大統領《だいとうりょう》は、アメリカでいちばん尊敬されている人だと思いますし、ケネディ大統領もそうです。キング牧師《ぼくし》なども尊敬されています。

暗殺された人たちは、なぜ、尊敬されて、神に近い立場になりやすいのでしょうか。

普通《ふつう》の人間であれば、この世において、自分が長生きできる道というか、自分が生き長らえるような道を選《えら》ぶのが普通ですし、賢《かしこ》い人間であればあるほど、そうした逃《に》げ方を考え、「いかにして責任《せきにん》を取らずに、うまく逃げるか」ということを考えるわけです。

そのなかにあって、「自分にとって不利《ふり》になるけれども、後《のち》の世のために道を拓《ひら》かなければいけない」と思い、自分の身を犠牲《ぎせい》にしてでも信念を貫《つらぬ》く人がいます。そして、信念を貫いたことの代価《だいか》として暗殺されることもあるのです。

それに対して、後世の人たちは尊敬の念を持つのですが、その人自身は同時代においては救《すく》われないこともあるわけです。

アングロサクソン系《けい》の国々の背景《はいけい》にある自己犠牲《じこぎせい》の精神《せいしん》

自我を確立《かくりつ》させる教えで満《み》ち満ちている、アングロサクソン系《けい》の国々であっても、その背景《はいけい》には、実は「自己犠牲《じこぎせい》の精神《せいしん》」があります。これは、おそらくキリスト教から来ているものでしょう。

自分の権利《けんり》を主張《しゅちょう》して議論《ぎろん》し合い、法廷闘争《ほうていとうそう》をも辞《じ》さないといったキリスト教国の多くの人たちにも、キリスト教を信じている者としての自覚《じかく》があり、その背景には二千年前のイエスの人生があるのです。

もちろん、イエスのように生きることはできないからこそ、イエスは神の独《ひと》り子のように言われたり、神そのもののように言われたりするのでしょう。人がイエスをそう思うのは、彼のような生き方は自分たちにはできないからです。そのため、そうしたことを言うところもあるのです。

イエスの人生には不可解《ふかかい》なことがあまりにも多く、いろいろな奇跡譚《きせきたん》を取り除《のぞ》いて考えても、最後《さいご》のほうの出来事には、この世的にはなかなか理解できないことが多いと思います。

ただ、「イエスが病人を治《なお》した」ということは、宗教的《しゅうきょう》な現象《げんしょう》として見るかぎり、事実であると考えてよいと思います。幸福の科学を見ても、あるいは、この百年余《あま》りのいろいろな宗教を見ても、「病気治し」は起きているので、世界的に二千年遺《のこ》った宗教の開祖《かいそ》であるイエスに、「病気治し」ができなかったとは思えません。

ある人はハンセン病を治してもらい、ある人は見えない目を治してもらいました。また、ある人は、死体として布《ぬの》でぐるぐる巻《ま》きにされ、洞穴《ほらあな》のなかに葬《ほうむ》られていたのに、イエスが「ラザロよ、出《い》でよ」と言うと、生き返って洞穴から出てきました。そういう奇跡もイエスは起こしたのです。

イエスは、こうした「奇跡の人」であり、それだけ神の力を実証した方でもあります。当時、それを知っている人は大勢《おおぜい》いたのです。

ところが、いざとなると、彼に従《したが》っていた数千人の群衆《ぐんしゅう》は、最後には彼を見放しました。『聖書《せいしょ》』には、これがまことに悲劇《ひげき》的な調子で描《えが》かれていて、宗教的な精神を理解しなければ分からない部分は、どうしてもあります。

イエスは、最後に、当時の首都エルサレムに入っていくのですが、これは『旧《きゅう》約《やく》聖書』のなかの、イエスより千年ほど前の予言（イザヤ書）に書かれているとおりのことを実現しようとしたのです。

『旧約聖書』には、「神の子が生まれる。彼はロバに乗って、『ホサナ（救いたまえ）、ホサナ』と言われながら都《みやこ》に入っていくけれども、最後は十字架《じゅうじか》に架かって死ぬ」というような、当時から見て約千年も前の予言が記《しる》されていました。

イエスは、「そうした予言を成就《じょうじゅ》しなくてはいけない。自分がその人であるから」という信念を持って、わざわざ捕《つか》まり、処刑《しょけい》されるのは分かっていながら、また、弟子《でし》たちにそういうことを予言しながらエルサレムに入っていくわけです。

そのときに、十二弟子の一人（ペテロ）が、「先生、おやめください。今、エルサレムに入ったら、捕まって殺《ころ》されますから、やめてください」と言っても、イエスは「サタンよ、退《しりぞ》け！」と言って、激《はげ》しくそれを退けています。

もっとも、ペテロは正当に先生の命を護ろうとして言っているので、イエスがペテロに言った「サタン」という言葉は厳《きび》しすぎるかもしれません。ただ、イエスは、おそらく、自分の信念に迷《まよ》いを起こさせる者に対して、激しく叱責《しっせき》したのだと思います。

イエス最期《さいご》のときの二つの逸話《いつわ》が示《しめ》す真意とは

なお、弟子のなかでも、「十二弟子」というのは最後《さいご》のギリギリの弟子、数千人いた群衆のなかで残《のこ》った選ばれし者だったのですが、そのなかにも、なかなか信じ切れない者はいましたし、この世的なことにつまずく者も多く出てきました。

例えば、教団《きょうだん》の会計係をやっていた「裏切《うらぎ》りのユダ」などもそうです。ユダがイエスを裏切った理由については諸説《しょせつ》あるのですが、会計係としては、イエスの生き方のなかに釈然《しゃくぜん》としないものがあったのでしょう。

これは、本社の経理《けいり》部がグループ内のほかの会社の活動を認《みと》めず、〝ガサ入れ〟して「これは駄目《だめ》だ」などと言っているのと、わりに近いかもしれません。特《とく》に例《れい》を挙《あ》げれば、次のようなことがありました。

当時、イエスを愛《あい》した女性《じょせい》たちはたくさんいましたが、そのなかには「マリア」という人が何人も出てきます。そのため、よくは分からないのですが、マグダラのマリアと思《おぼ》しき人が、あるとき、「香油《こうゆ》、香《かお》りを含《ふく》んだ高価な油を自分の長い髪《かみ》の毛に付《つ》けて、その髪でイエスの足を拭《ぬぐ》う」というか、「足の汚《よご》れを取って洗《あら》う」というような、最大限《さいだいげん》の敬意を表したサービスをしたことがあったのです。

ところが、それを見て、会計係のユダは「ああ、もったいない。その香油は、売れば三百デナリで売れる」と言ったわけです。「三百デナリ」というのが、今の額《がく》でどのくらいなのかは分かりませんが、どうも一年分の年収《ねんしゅう》に当たるほどの香油だったようなので、今で言えば三百万円ぐらいでしょうか。

三百万円もする香油を、女性の信者が自分の長い髪に付け、その髪でイエスの足を清《きよ》めようとしているのを見て、「もったいない」と言った人がいたわけです。現金と言えば現金ですが、「それだけあれば、一年間、食べていけるかもしれない」ということでしょう。会計係は食糧係《しょくりょう》でもあり、住居《じゅうきょ》を手配したりする係でもあるので、「自分の苦労《くろう》を分かってくれていない。無駄遣《むだづか》いをしている」と思ったわけです。

ところが、イエスは、そのとき、「彼女の行為《こうい》を責《せ》めるな」というようなことを言っています。「あなたがたは、いつの時代も共《とも》にあることはできるが、私はいつの時代もいることはできない。自分がこの地上を去る日は、もう近い。だから、彼女の行為は、ほめられるべきであって、後の世で記念すべき行為なのだ。死に行く自分、もうすぐ死ぬ自分に、お金のことを考えることなく、最大限の愛を表現して尽《つ》くしたというのは、ほめられるべきことなのだ」というようなことを言っているのです。

また、マグダラのマリアには「マルタ」という姉がいたのですが、あるとき、彼女はイエス一行《いっこう》に晩《ばん》ご飯《はん》をつくって接待《せったい》するために、一生懸命《いっしょうけんめい》、立ち働《はたら》いていました。そのため、イエスの話に聴《き》き入《い》っていた妹のマリアに「あなたも、ちょっと台所仕事を手伝《てつだ》ってよ」と言ったのです。

しかし、イエスは、それも同じく退けています。マルタにしてみれば、晩ご飯の準備《じゅんび》をするほうがよほど大事なことだったので、「何を、じゃれているの」という感じでしょうか。あるいは、「何を、いい格好《かっこう》しているの」というように見えたのかもしれません。

そのように、みなは、この世的な日常《にちじょう》が流れるなかで、当たり前のことを値打《ねう》ちあるものとして要求《ようきゅう》していたわけですが、そのなかでイエスは、もう最期《さいご》のときを悟《さと》っていたのだと思うのです。

保身《ほしん》のためにイエスを売り渡《わた》したユダヤ人

そして、イエスは、わざわざ捕まるほうへと移動《いどう》していきます。ただ、そうしたイエスも、最期のときには、ゲッセマネの園《その》で、「夜《よ》も寝《ね》ずに祈《いの》った」と言われています。

ところが、その間、弟子たちは夜なので寝てしまうのです。イエスが、「あなたがたは起きていなさい」と言っているにもかかわらず、やはり、何度も寝てしまいます。弟子たちにとっては、「イエスの最期のときが迫《せま》っており、もう師から一時《いっとき》たりとも離《はな》れてはならないし、目を覚《さ》ましていなければならない」というときなのに、眠《ねむ》さに敗《やぶ》れて寝てしまうのです。

そのため、その間にローマの兵《へい》が来て、イエスは捕まえられ、ユダヤ人の宗教裁判《さいばん》にかかって有罪《ゆうざい》にされます。ローマのほうは、「それほどの罪《つみ》ではないだろう。逃がしてもよいのではないか」と何度も言うのですが、むしろ、ユダヤ人のほうが許《ゆる》しませんでした。

当時、「過越《すぎこし》の祭りの日には、一人だけ赦《ゆる》しても構《かま》わない」という習わしがあり、同時に死刑《しけい》にされるバラバという罪人《ざいにん》がいたので、ローマの行政官《ぎょうせいかん》ピラトは、「バラバとイエスのどちらを赦す？　どちらか、おまえたちの好《この》むほうを赦免《しゃめん》してもいい」と言ったのです。

ところが、ユダヤの民衆《みんしゅう》は、「バラバのほうを赦せ」と叫《さけ》びました。バラバは、「強盗《ごうとう》殺人犯《はん》」と言われている人です。あるいは、「政治《せいじ》犯」と言われることもあるのですが、民衆は、「そちらのほうを赦せ。イエスのほうを処刑しろ」と叫んだのです。

イエスには数千人もの信者がいましたし、イエスが起こした奇跡は、たくさんの人が見たり聞いたりして知っていました。しかし、旧《ふる》い宗教家たちは、「イエスは、伝統的《でんとう》なユダヤの宗教の敵になるかもしれない」と考えたのです。彼らは、保身《ほしん》のために、つまり、実際上《じっさいじょう》、ユダヤの地はローマの植民地になっていたのですが、そうしたローマの支配《しはい》下で自分たちの宗教が続《つづ》いていくように、イエスを売り渡《わた》すことに賛同《さんどう》してしまったわけです。

こういうこともあったため、現在《げんざい》、キリスト教の教会やバチカン等は、「キリスト教は、本来、民主主義《しゅぎ》ではない。神の創《つく》られたピラミッドがあるので、それに服従《ふくじゅう》しなくてはいけない」というようなことを言います。そのように、キリスト教も、イスラム教と変《か》わらないようなことを言っているわけです。確《たし》かに、「多数決」というのは、時折《ときおり》、〝熱情《ねつじょう》〟に負けて、反対の決断《けつだん》をすることがあるわけです。

イエス、最期《さいご》の祈《いの》りの言葉の真意とは

ちなみに、イエスが最期《さいご》のときに「神よ、神よ、われを助けたまえ」と祈《いの》ったかどうかについては諸説あり、幸福の科学の●初期《しょき》の霊言集《れいげんしゅう》では、イエスの言葉として、「それは間違《まちが》いだ。そうではなくて、『エリヤ、エリヤ、ラファエル』と言っていた。エリヤおよびラファエルに、『迎《むか》えに来なさい』と、その名前を呼《よ》んでいたのだ」というように出ています。

ところが、「この『エリ、エリ、レマ、サバクタニ』という言葉は、『神よ、神よ、なんぞ、われを見捨《みす》てたまいしか』とイエスが叫んだのだ」というように書かれている福音書《ふくいんしょ》もあるわけです。

もっとも、民衆のなかには、「あれはエリヤを呼んでいるのだ」と言っている人たちもいたので、あるいは、それが目に視《み》えた人もいたのかもしれません。

●初期の霊言集……　『キリストの霊言』。現在は、『大川隆法霊言全集』第５巻（宗教法人幸福の科学刊）所収。

そういうわけで、ここは少し惜《お》しいところです。

ただ、イエスが最期になって、そんな命乞《いのちご》いをするような人であれば、それまでの行動はなかったでしょう。そういう意味で、この解釈はあまりにも人間的な解釈であり、おそらくは、イエスを知らない後世の弟子たちによって、合理的に書き換《か》えられた部分なのではないかと思います。

万一《まんいつ》、イエスが神に「なぜ、私を見捨てたのですか」と言っていたとしても、運命に従順《じゅうじゅん》に従ったこと自体は事実です。イエスは、十字架に架けられて、五寸《ごすん》釘《くぎ》よりもっと大きな釘を打ち込《こ》まれて死に、脇腹《わきばら》を槍《やり》で刺《さ》されました。この人生を見るかぎり、世を救うために生まれた人間として、ある意味で、これほど惨《みじ》めな人生はないでしょう。

イエスは、世の中を救うために来たわけで、みなから感謝《かんしゃ》され、愛されて当然のはずなのに、実は、罪人と一緒《いっしょ》に十字架に架けられ、茨《いばら》の冠《かんむり》を被《かぶ》らされて槍で刺され、最期には着ているものまで切り裂《さ》かれて分けられました。そのように、死刑を執行《しっこう》している人たちに、財産《ざいさん》性のあるものを、全部、持っていかれるような哀《あわ》れな最期だったのです。

その最期を、母のマリアやマグダラのマリア、あるいは、サロメ、「ヨハネ伝」のヨハネ等、数名の人は見ていたと思われます。

十二弟子《でし》や隠《かく》れキリシタンに見る信仰《しんこう》ある生き方

なお、十二弟子《でし》のなかには、一部、イエスの処刑を遠巻きに見ていた人もいたと思いますが、その後、イエスを裏切ってもいます。

例えば、ペテロは、イエスに「おまえは、鶏《にわとり》が二度鳴く前に、三度、『イエスなどという人は知らない』と言って私を裏切るだろう」というようなことを予言され、そのとおりのことをやってしまっています。そして、実際に鶏が鳴いてから、自分の信仰《しんこう》の弱さに気づき、さめざめと涙《なみだ》を流すわけです。

しかし、そのような出来の悪い弟子たちであっても、十二弟子をつくったことで、イエス教団が後世に遺ることにはなったわけなので、何がどうなるかは分からないものだとは思います。それでも、いないよりはいたほうがよかったわけです。イエスのことを伝えようとする人がいたからこそ、キリスト教は後の世に遺ったし、パウロのように、実際にイエスには会っていないけれども、迫害する側《がわ》から伝道する側になった人も出てきました。

とはいえ、イエスの弟子たちは、その後、十字架に架かったり、「逆《さか》さ十字架」といって、頭を下にして、逆さの十字架に架かる最《もっと》も厳しい刑で殺されたり、ローマのコロッセウムでライオンに食われるのを見世物《みせもの》にされたりしました。

これは、最低《さいてい》・最悪でしょう。信仰が幸福を呼ぶものだとすると、この世的には最低・最悪の人生が信仰によって来ているわけです。そういう結果《けっか》が来るのであれば、信仰など捨てるのは当たり前で、普通はみな、それを隠《かく》すでしょう。

実際、地下に潜《もぐ》って信仰した人たちはたくさんいました。秘密《ひみつ》集会として地下に潜った者もいたような状況《じょうきょう》でしたが、その信仰の灯《ひ》は消えなかったのです。

例えば、長崎《ながさき》の隠れキリシタンは、もうその時代を終えましたが、そのなかには、迫害されても地下に潜って生き続けた者もいました。

私が生まれた徳島《とくしま》県吉野川《よしのがわ》市川島町《かわしまちょう》の「聖地エル・カンターレ生誕館《せいたんかん》」に行く途中《とちゅう》に、上桜《うえざくら》といわれる所があります。そこは、昔、小さな城《しろ》があった所の近くですが、そのあたりにも隠れキリシタンの里があって、代々、信仰が伝えられてはいます。

もっとも、日本には隠れキリシタンはいたものの、結局、キリスト教は、そう大きくはなりませんでした。日本のいろいろな宗教や制度《せいど》に押《お》し殺されて、広がりはしなかったのです。それについては、別途《べっと》、宗教的な議論があるとは思います。日本も宗教大国ではあったので、なかなか勝てなかったところはあったのでしょう。

自我《じが》が闘争《とうそう》する社会にイエスが死をもって示《しめ》した価値観《かちかん》

いずれにせよ、イエスが「自己犠牲の人」であったことは事実です。イエスは、目の見えない人の目を治し、足の不自由な人を治しました。

『聖書』には、「群衆があまりにもイエスのところに押しかけるので、もう玄関《げんかん》から入ることができなかった。そのため、屋根を取り壊《こわ》して穴を開《あ》け、上から病人をロープで吊《つ》り下げるまでして、家のなかに入れ、イエスに治させようとした」というような記述《きじゅつ》まで遺っています。

これは異常事態《いじょうじたい》でしょう。普通はありえません。そうとうな人が押しかけていたのだと思われます。屋根を剝《は》がして穴を開け、そこから病人を吊り下げて、

「治してくれ」というところまでやったというのは、少し想像《そうぞう》しただけでも普通ではありません。

そういう意味では、いろいろな脚色《きゃくしょく》もあろうかとは思いますが、やはり、そのなかに真実はあったのではないでしょうか。そういう日々のなかで、イエスは自己犠牲の道を選びました。

それについて、後世の人たちは、自分たちの先祖の所業をなかなか許すことができないわけです。そのため、「人間は罪の子として、原罪を負っているのだ。われわれには罪がある」というようなことを強く思うようになりました。そのように、イエスのような「無原罪の人」が処刑されることもあるわけです。

その結果、ある意味で自我《じが》が闘争《とうそう》する社会のなかにあって、強者《きょうしゃ》が生き残っていく世界をつくっていた種族《しゅぞく》の人たちが、「自分たちは、その原点において罪を犯《おか》した」ということを心に刻《きざ》み、時折、贖罪《しょくざい》の気持ちを持つようになりました。

また、「この世的なものをまったく求《もと》めずに死んでいった人に対する信仰の念を持つことで、罪深き自分たちも許されるのではないか」というような考えを持つに至《いた》ったわけです。

イエスが、普通の人間ではできないようなことをし、自己犠牲の精神を発揮《はっき》したことについては、現代的に見て、また、宗教心の低《ひく》い日本人から見ても、「バカげている」と思うことはたくさんあるでしょう。多くの人が、「きちんと成功《せいこう》してからの救世主《きゅうせいしゅ》だろうが。バカげている」と思うのでしょうが、逆《ぎゃく》に、セルフィッシュ（自分本位《ほんい》）ということから、それほどまでにかけ離れた人もいたということです。

人を治し、救いの言葉を投げかけ、天国に入る道を説き続けた人が、罪人と共に死ぬ。茨の冠を被り、血を流しながら死んでいく――。

これが何を意味しているかというと、結局、「霊的である」ということを証明するためには、みなが共通《きょうつう》して「よい」と思うようなこの世的な価値観《かちかん》に対して、「霊的価値観は逆のところにあるのだ」ということを、象徴《しょうちょう》的に表さなければいけない場合があるということです。

人は、この世的、唯物《ゆいぶつ》的に発展《はってん》・繁栄《はんえい》することのみを求めていると、宗教的な本心から離れていくところがあります。すると、自分の身を護り、利害だけを守るような人間がたくさん出てきて、そういう人を賢い人だと思うようになるのです。

そういう意味において、勉強をしたり仕事で磨《みが》かれたりして賢い人、あるいは、自分を護ることに長《た》けた人、自分の利益《りえき》を守ることに長けた人たちは、ある意味では、イエスを責め立て、古いユダヤの宗教を護ろうと固《かた》く信じていた人たちにも似《に》ているところはあるでしょう。

ただ、そのキリスト教徒《きょうと》も、また、次に新しく起きてくる宗教に対しては迫害を起こしているので、このあたりは宗教の難《むずか》しさがあります。

4 自己犠牲に生きた偉人たち③

――生皮《なまがわ》を剝《は》がれたマニ教の開祖《かいそ》・マニ

世界宗教《しゅうきょう》になるも、むごい最期《さいご》となったマニ教の開祖

キリスト教のわずか二百年後に起きた宗教に、マニ教があります。ゾロアスター●の生まれ変《か》わりと思われるマニという人が地上に生まれ、一代にして、当時としては世界宗教に当たるほどの非常《ひじょう》に幅広《はばひろ》い領域《りょういき》に教えを説《と》きました。

このマニ教の教えの中心は、「善悪二元論《ぜんあくにげんろん》」でしたが、これは、ゾロアスター教とまったく同じです。どちらも、「『光の神』と『闇《やみ》の神』がいて、その両者が

●ゾロアスターの…… 『太陽の法』『ゾロアスターとマイトレーヤーの降臨《こうりん》』（共に幸福の科学出版刊）参照。

戦《たたか》い続《つづ》けている」という世界観《かん》を持っています。

やはり、天国と地獄《じごく》の対立関係《かんけい》等を知っている人からすれば、それを教えないかぎりは人を導《みちび》けません。そのため、かつて、二元論的な「天国・地獄の戦い」を説いた人（ゾロアスター）が、再び地上にマニとして生まれ、同じ教えを説いたということです。

ただ、これに対して、「アウグスチヌスの回心《かいしん》」という有名な話があります。これは、「アウグスチヌスが北アフリカでマニ教に帰依《きえ》していたのを、母のモニカがキリスト教に回心させる」というものです。つまり、アウグスチヌスでさえ、マニ教は邪悪《じゃあく》なものだというように判断《はんだん》して捨《す》て、キリスト教に戻《もど》りました。もっとも、それでこそ、キリスト教は中世以降《いこう》も生き残《のこ》ることになったわけです。

マニ自身はキリスト教徒《きょうと》ではなかったのですが、実は、その当時、自分の前身であるところのゾロアスター教が残っていました。また、風習としても、ゾロアスター教の鳥葬《ちょうそう》が残っていたようです。これは、お布施《ふせ》の精神《せいしん》とでも言うのでしょうか、「もったいないので、死んだ肉体は生きとし生けるものに捧《ささ》げる」ということで、死体を丘《おか》の上にあげて、鳥たちの餌《えさ》にしてしまうという考えもあったようです。

そうした鳥葬の風習があったゾロアスター教も、当時はまだ残っており、実際《じっさい》、マニはゾロアスター教徒によって暗殺《あんさつ》されたとも言われています。

結局、マニ教は、一度は世界宗教にまでなったものでありながら、マニ自身は、全身の生皮《なまがわ》を剝《は》がされるというような刑《けい》を受け、そのあとは、いわゆる鳥葬にされて、鳥に突《つつ》かれて死ぬような、まことにむごい最期《さいご》となりました。

このように、救世主《きゅうせいしゅ》と思われるような人たちが、この世的に敗《やぶ》れ、死んでいくところを見るのは、とてもつらいことです。しかし、そうした悲劇《ひげき》を通してでしか、人々を回心させることができないこともあるし、この世の仕事においては敗れていくこともあるということです。むしろ、「悪魔《あくま》が憑《つ》いた権力者《けんりょくしゃ》のほうが強い」などということも、十分にあるわけです。

歴史的《れきし》に、政治的《せいじ》運動と宗教的《しゅうきょう》運動は切り離《はな》せないもの

イエスの時代を見てみても、ローマの植民地下《しょくみんち》にあった当時のユダヤ人は、「巨大《きょだい》なローマ帝国軍隊《ていこくぐんたい》を持ち、カエサルと呼《よ》ばれる皇帝《こうてい》が支配《しはい》しているローマに、武力《ぶりょく》で立ち向かって勝てるはずもない」という感じではあり、どちらかといえば、政治的《せいじ》革命家《かくめいか》を求《もと》めていました。歴代《れきだい》の「メシア」という言葉のなかには、「政治的な指導者《しどうしゃ》」の意味も含《ふく》まれていたのです。

それは、モーセを見てもそうですし、『旧約聖書《きゅうやくせいしょ》』に出てくる他の人たちにも、そうした民衆《みんしゅう》を解放《かいほう》するような面はあったので、やはり、この流れはあったのでしょう。近代以降では、リンカンやキング牧師《ぼくし》にもそういうところはありました

し、●マルコムX《エックス》にも、そういうところはあったかもしれません。

このように、政治的運動と宗教的運動には、必《かなら》ずしも切り離《はな》せない部分があるわけです。

今もまだ、ユダヤ教として頑張《がんば》っている宗教はありますが、もし、イエスがユダヤ民族を独立《どくりつ》させていたら、おそらく、イエスを本当のキリスト、救世主として認《みと》めたのでしょう。ところが、独立運動には成功《せいこう》しなかったので、切って捨てたというわけです。

また、本来、心の教えと政治的な運動は同時に行われるべきものなのに、イエスは政治運動のほうは捨て、お金について訊《き》かれた際にも、「カエサルのものはカエサルに。神のものは神に」というように、政教分離《ぶんり》的なことを言いました。要《よう》するに、力の弱さを示《しめ》してしまったわけです。

ただ、今のキリスト教徒は、バチカン等を見れば、必ずしもそうなっていると

●マルコムX（1925～1965）　アメリカの黒人解放運動の指導者。黒人運動団体（ブラック・ムスリム）に所属し活動していたが、後《のち》に独自の組織を創立した。非暴力的だったキング牧師とは対照的に、急進的で攻撃《こうげき》的な指導者だった。

は言えないと思います。やはり、政治的にも独立しているところはありますし、イスラム教にも、そういうところはあるのではないでしょうか。

いずれにせよ、当時は、イエスの力のなさを責《せ》める人たちがいたのだということです。ただ、その分、「心の世界における純粋《じゅんすい》さ」というものは、一段《いちだん》と強いものにはなったのではないかと思います。

5 自己犠牲に生きた偉人たち④ ──ヤン・フス、ジャンヌ・ダルク

チェコのために『聖書《せいしょ》』を翻訳《ほんやく》し、火刑《かけい》にされた学長ヤン・フス

中世で言えば、フス戦争《せんそう》のもととなったヤン・フス●や、フランスを救《すく》ったジャ

●ヤン・フス（1370頃～1415）　中世ヨーロッパの宗教思想家、宗教改革者。ボヘミア地方出身。ベツレヘム礼拝堂の主任司祭兼《けん》説教師に任命され、プラハ大学の学長ともなる。聖書のチェコ語訳を行うなど、民衆の教育にも力を注いだが、ローマ教会の堕落《だらく》を批判し、改革に着手した結果、異端とされ、火刑《かけい》に処せられた。

ンヌ・ダルクなども自己犠牲《じこぎせい》に生きた人です。

フスは、学識《がくしき》もあり、プラハ大学の学長もしていたような人ですが、ここでもまた、人間のつくった組織同士《そしきどうし》の戦《たたか》いや、ローマとの戦いもあったと考えられます。「フスが異端《いたん》か、異端でないか」という考えはあったと思うのです。

フスは、『聖書《せいしょ》』をチェコ語に翻訳《ほんやく》し、現在《げんざい》のチェコ語の起源《きげん》に当たるものをつくりましたが、チェコの人々のための『聖書』をつくったことで、結果的《けっか》に火《か》刑《けい》にされることになり、その後、フス戦争が起きて広がっていったわけです。

祖国《そこく》を救《すく》い、同胞《どうほう》によって火刑《かけい》に処《しょ》されたジャンヌ・ダルク

一方、ジャンヌ・ダルクは、フランスのドンレミという村の農家の娘《むすめ》として生まれ、それほど特別《とくべつ》な教育を受けたわけでもありませんでした。

ところが、あるとき、神の声が聞こえたことをきっかけに、彼女は攻《せ》め込《こ》んで

●**ジャンヌ・ダルク**（1412〜1431）　英仏の「百年戦争」（1339〜1453）の際、神の啓示《けいじ》を受け、フランスを勝利に導いた女性。「オルレアンの少女」と称される。17歳のとき、包囲されて陥落《かんらく》寸前のオルレアンを救い、英軍を撃退《げきたい》したが、後にイギリス側に捕《とら》えられ、裁判で異端の判決を受け、火刑に処せられた。

くるイギリス軍《ぐん》と戦うため、白馬にまたがり、フランスの独立運動《どくりつ》に身を投じるようになります。要《よう》するに、神の声に基《もと》づいて、軍事的に独立運動を行《おこな》ったわけです。

それは、十七歳《さい》から十九歳までの、わずか二年ほどではありましたが、「少女に神の声が降《お》りた」ということがフランスを勇気《ゆうき》づけて、奇跡《きせき》の勝利《しょうり》を数多く起こし、国を失《うしな》う一歩手前のところでイギリス軍に勝つことができました。つまり、ジャンヌ・ダルクの出現そのものが、二十世紀《せいき》で言えば、ちょうど第二次大戦において、連合軍《れんごう》がフランス・ノルマンディーに上陸《じょうりく》したときの、フランス解放《かいほう》への戦いと同じようなものだったわけです。

そのジャンヌ・ダルクも、結局は敵《てき》の罠《わな》に落ちたわけではありますが、実際《じっさい》に彼女を捕《つか》まえて裁判《さいばん》し、処刑《しょけい》をしたのは、同胞《どうほう》であるフランス人でした。

やはり、フランスの教会人たちは、無学《むがく》な農家の十代の娘を、聖人として認《みと》めたくなかったのでしょう。そういう意味で、例《たと》えば、ジャンヌ・ダルクが田舎《いなか》の農村の生まれだったことから、「おまえは親の言いつけに背《そむ》いたか」と問い、「カトリックの教えによれば、両親の教えに従《したが》わなければいけないのだから、背いたのなら異端だ」と言いがかりをつけて、罪《つみ》を認めさせたりしました。そして、最《さい》期《ご》は、火あぶりにして殺《ころ》してしまったのです。

それは、まるで「魔女《まじょ》だ」という感じでしょうか。中世には、魔女裁判もたくさん起きましたけれども、こういうところもあったわけです。

ですから、ジャンヌ・ダルク自身は、得《え》ているものは何もありません。火あぶりになって死んでいっただけです。

6 自己犠牲に生きた偉人たち⑤──釈尊《しゃくそん》と過去世《かこぜ》物語

一種《いっしゅ》の自己犠牲の精神《せいしん》が入っている断食修行《だんじきしゅぎょう》

ただ、そうした原型《げんけい》は昔からあり、断食修行《だんじきしゅぎょう》などというものには、多少なりとも、一種《いっしゅ》の自己犠牲《じこぎせい》の精神《せいしん》が入っていると思うのです。

本能《ほんのう》に基《もと》づけば、食べたり飲んだりしたいでしょうし、死に近づくような修行をするというのはバカげたことです。しかし、それでも修行し続《つづ》けているということは、この世的な価値観《かちかん》や論理《ろんり》を否定《ひてい》する意味で、それに挑戦《ちょうせん》することによって、霊的《れいてき》なものが開けてくるということが、過去《かこ》、幾度《いくど》となくあったということでしょう。

インドでもイスラエルでも、それからアラビア半島でも、そうした断食行などがあるように、この世的に、当然《とうぜん》、人間が求《もと》めていくであろうものを否定することによって、より高次な何かを開こうとする動きを、人は繰《く》り返し繰り返し行《おこな》っているわけです。

釈尊《しゃくそん》も、王家を出てからの六年間は、山林の間で坐禅《ざぜん》をしながら、断食も繰り返し行っていたため、悟《さと》りの前には、あばら骨《ぼね》が出て、血管《けっかん》が浮《う》き出るほどの状《じょう》態《たい》にまで来ていたというようには言われています。

やはり、「自分の身を削《けず》りながら真理を求めようとする」というように、肉体の欲望《よくぼう》に打ち克《か》っていくなかに、霊的な体験《たいけん》をする人は多いようです。それらすべてが天上界《てんじょうかい》的なものとは言えないけれども、確《たし》かに、霊的な感覚《かんかく》がすごく鋭《するど》くなって、霊能力を持つようになったり、体から霊的に抜《ぬ》け出すような体験をしたりしている人は多いと言えます。

ですから、断食行や、その他の苦行等も、ある意味での自己犠牲を伴《ともな》うものではありますが、「『霊的になる』ということは、『この世で世界が完結《かんけつ》していると して、この世的に最《もっと》も幸福な生き方なら、こうなる』ということの逆《ぎゃく》をする部分が出てくる」ということです。

釈尊《しゃくそん》の〝過去世《かこぜ》物語〟に見る自己犠牲《じこぎせい》の精神《せいしん》

今、述《の》べたようなことは、釈尊以前《しゃくそんいぜん》の時代から続いていたことですが、現在《げんざい》、釈尊の〝過去世《かこぜ》物語〟として語られている『ジャータカ物語』等でも、そのようなことが書かれています。ただ、これは、民間伝承《みんかんでんしょう》もたくさん織《お》り込《こ》まれているので、釈尊の過去世の話として、そっくりそのままは聞けないところはあるでしょう。

そのなかの話の一部を取り出してみると、「いろいろな仏《ほとけ》がたくさん出ていた昔の時代に、釈尊は動物として生きていたことがあったが、立派《りっぱ》な動物だったために、次はもう少しよい存在《そんざい》に生まれた」というような話が書いてあったりします。

そのように、インドにおける転生輪廻《てんしょうりんね》の思想というのは、動物界から人間界までを含《ふく》んだ、非常《ひじょう》に幅広《はばひろ》いものでありました。確かに、一部には、そのとおり真実も入ってはいるのですが、若干《じゃっかん》、動物の世界と人間の世界が近かったのではないかと思うところはあります。

例《たと》えば、「釈尊がウサギに生まれたときに、旅の僧侶《そうりょ》がお腹《なか》を空《す》かせて大変《たいへん》そうだったので、自分の身を焚《た》き火のなかに投げ入れて供養《くよう》したところ、その功徳《くどく》により人間に生まれ変《か》わることができた」というような話も書いてあるのです。

ただ、これに関《かん》しては、かなり教訓《きょうくん》めいた、童話のようなものだと思われます。

また、王子として生まれたときには、竹林のなかを散策《さんさく》していて、母親の虎《とら》と子供《こども》の虎が飢《う》えて苦しんでいるのを見つけると、崖《がけ》の上から身を投げて自分の体を供養し、虎たちに食べさせたそうです。そういった話も出ています。

これはやや極端《きょくたん》すぎて、現代にそのまま通用するかどうかは分かりませんが、精神《せいしん》そのものは分からなくはないでしょう。

こうした話は、「いろいろ自己犠牲《じこぎせい》を払《はら》いながら修行してきた人たち、すなわち、他の者のため、世のために自分の身を犠牲にしてきた人たちが、その結果《けっか》、だんだん高次な魂《たましい》になってくる」というようなことを、よく示《しめ》しているのではないかと思います。

7 自己犠牲に生きた偉人たち

⑥——吉田松陰《よしだしょういん》の言葉

さらに、近代としては、明治維新《めいじいしん》あたりまで見てみれば、吉田松陰《よしだしょういん》についても、先ほど述《の》べたイエス・キリストと同じように、「なぜ、この人がそんなに偉《えら》いのか分からない」と言う人もいるようです。

例《たと》えば、最近《さいきん》では、「次の教科書あたりからは、吉田松陰や坂本龍馬《さかもとりょうま》などの名前が消される」といったことが新聞に載《の》って、少し話題にはなっていますが、要《よう》するに、「歴史的《れきし》な確定《かくてい》できる業績《ぎょうせき》として、何があったかがはっきりしない」ということなのでしょう。それは、いかにも実証的《じっしょう》であり、〝科学的な思考〟が歴史の分野や人間学の分野にまで入り込《こ》んできていることを、よく示《しめ》していると思うのです。

確《たし》かに、松陰自身を見てみれば、最終的には「挫折《ざせつ》の人」であったのは事実だとは思います。

しかし、彼が、結果《けっか》でもって勝負をしようとした人ではなかったのは明らかです。結果を出していったのは、松陰が教育した後々《のちのち》の人たちであるわけですが、彼自身は、その間《かん》、できるだけ自分というものを空《むな》しくして、「この国のために、どうあるべきか」「人間として、どう生きるべきか」を、その身をもって示した方でありましたし、損得《そんとく》の利害《りがい》ということに対しては、極《きわ》めて淡白《たんぱく》な方であったと思います。

松陰は幼少《ようしょう》時から秀才《しゅうさい》といわれ、「十歳《さい》前後のときに、藩侯《はんこう》の前でご進講《しんこう》（講《こう》義《ぎ》）をした」という伝説《でんせつ》を見れば、頭の悪い人であったはずがありません。

ところが、その後、松陰は山鹿流兵法《やまがりゅうへいほう》を教えていたにもかかわらず、自《みずか》らあっさりと捕《つか》まって、首を刎《は》ねられています。それを「短慮《たんりょ》である」と判定《はんてい》するのは簡単《かんたん》かもしれません。

しかし、「長州《ちょうしゅう》（現在《げんざい》の山口県）の片田舎《かたいなか》に生まれた者が、日本中を変《か》えるような回天《かいてん》の偉業《いぎょう》を起こすには、何らかの〝導火線《どうかせん》〟になる必要《ひつよう》がある」ということを、彼は十分に知っていたのです。こうした心の内は、そう簡単には分からないけれども、分かる人にはそれが分かりました。要するに、「自分が死ぬことによってこの国が変わるなら、その死には意味がある」ということです。

実際《じっさい》、彼は弟子《でし》たちに対して、「その死によって何も変わらないのであれば、生き長らえることも一つである。生き長らえたほうが世のため人のためになるのならば、諸君《しょくん》は命を生き長らえよ。しかし、命を捨《す》てることが世のため人のためになるのならば、喜《よろこ》んで命を捨てよ」といったことを言っています。

おそらく、松陰の死の意味が分からない人には、キリストの死の意味も分からないはずであり、彼らが、この世的に非常《ひじょう》に不器用《ぶきよう》で、何も成果《せいか》をあげず、何も手に入れることもなく死んでいった人たちのように見えているのではないでしょうか。ですから、その人を称賛《しょうさん》することで、単に慰《なぐさ》めているようにしか見えないのかもしれません。

8 自己犠牲に生きた偉人たち⑦
――リンカン大統領《だいとうりょう》と乃木希典《のぎまれすけ》将軍《しょうぐん》

先ほども述《の》べたリンカン大統領《だいとうりょう》は、劇場《げきじょう》で妻《つま》と共《とも》に演劇《えんげき》を観《み》ているときに、出演者の俳優《はいゆう》に撃《う》たれて殺《ころ》されるのですが、実は、かなり前から暗殺《あんさつ》される夢《ゆめ》をよく見ていたらしく、周《まわ》りの人からも劇場に行くのを止められていたそうです。警《けい》護隊長《ごたいちょう》のような人も強硬《きょうこう》に反対していたのですが、その人を休ませてまで行って、みすみす撃たれています。

こうしたことには、「南北戦争《せんそう》でたくさんのアメリカ人を死なせた」ということも関係《かんけい》しているのでしょう。南北戦争では、第二次世界大戦で死んだアメリカ人三十万人よりも多い、六十万人以上《いじょう》が死んでいます。つまり、国際《こくさい》的な戦争よりも、アメリカの内戦のほうが多くの人が死んでいるわけです。アメリカにおいて死者数が最大《さいだい》の戦争が、この南北戦争であって、「シビル・ウォー（市民《しみん》の戦争）」と言われているとおり、南軍《なんぐん》も北軍《ほくぐん》も本来は敵《てき》ではなく、同じ国民同士《どうし》なのに殺し合いました。

リンカン大統領は、大勢《おおぜい》の人を死なせたことに対する責任《せきにん》を強く感じていたのだろうと思います。大統領としての使命を果《は》たしたあと、生き長らえる気持ちはあまりなかったのではないかと思うのです。

それについては、日露《にちろ》戦争における乃木希典将軍《のぎまれすけしょうぐん》なども同じであり、二〇三高地で自分の指揮《しき》により大勢の若者《わかもの》を死なせたことに対する責任、そして、彼らの家族に対する責任、天皇《てんのう》に対する責任も感じていたのでしょうが、明治帝《めいじてい》が崩御《ほうぎょ》するとともに彼自身も自刃《じじん》し、夫人《ふじん》も同じくあとを追いました。

そうした気持ちも分からないではありません。

9　自己犠牲に生きた偉人たち⑧——坂本龍馬《さかもとりょうま》の「無欲《むよく》の大欲」

なお、吉田松陰《よしだしょういん》だけでなく、坂本龍馬《さかもとりょうま》も教科書から名前が消えるとも言われていて、「ゆとり教育」の再現《さいげん》のようなことが行われようとしています。しかし、龍馬自身にも、自己犠牲《じこぎせい》に生きたところはあったように感じます。

龍馬は剣《けん》の達人《たつじん》ではありましたが、非常《ひじょう》に隙《すき》があるようにも、無防備《むぼうび》な感じにも見えるところがずいぶんある方でした。そういう面がありつつも、いろいろと「運」に助けられて、大業《たいぎょう》を達成《たっせい》するところまで行ったのだろうと思います。

また、龍馬暗殺《あんさつ》の仕儀《しぎ》についてもさまざまに詮索《せんさく》されていますが、なかなか分かりません。要《よう》するに、「敵《てき》がたくさんいた」ということです。見廻組《みまわりぐみ》にやられたという説《せつ》もあれば、薩摩藩《さつまはん》だという説もあれば、土佐藩《とさ》だという説もあれば、新撰組《しんせんぐみ》だという説もあります。

そのように敵がたくさんいるなか、龍馬が寺田屋《てらだや》や近江屋《おうみや》など、そうしたところを転々としていたのを見ると、いずれ殺《ころ》される運命にあったことは本人も分かっていたのだと思いますが、彼は革命家《かくめいか》として仕事を果《は》たしたと言うべきでしょう。最期《さいご》は、自分の誕生日《たんじょうび》に、無防備なところに討《う》ち入《い》られて斬《き》られているわけですが、命にあまり執着《しゅうちゃく》していなかったように感じます。

龍馬は大政奉還《たいせいほうかん》が成《な》ってから殺されています。おそらく、大政奉還に反対した人はたくさんいただろうし、革命側《がわ》のほうにも、「徳川慶喜《とくがわよしのぶ》を生かしておきながら、革命が起きるというのは信《しん》じられない。必《かなら》ず前任《ぜんにん》の支配者《しはいしゃ》は殺さなければいけない」と思っていた人もいただろうと思います。そういう意味で、融和主義《ゆうわしゅぎ》的に見えた龍馬の考え方が許《ゆる》せない人もいたかもしれません。

ただ、「龍馬は、自分がつくった新政府《せいふ》の名簿《めいぼ》のなかに、自分の名前を書いていなかった」ということは明らかになっています。西郷隆盛《さいごうたかもり》や桂小五郎《かつらこごろう》が参議《さんぎ》で名を連《つら》ねるなら、当然《とうぜん》、龍馬も入っていなければいけないはずですが、名前を書いてもいなかったばかりか、「維新《いしん》が終わったら、船に乗って貿易《ぼうえき》でもやるか！」といったことを言っていたというのです。このあたりを見れば、「無欲《むよく》の大欲」というか、彼が大業を成すに当たって無欲であったことは明らかでしょう。

また、彼は脱藩《だっぱん》したことにより、自分の家族等がいろいろと迫害《はくがい》を受けたりもしていますが、そうしたことを耐《た》え忍《しの》びながらやったわけです。

こうしてみると、自己犠牲の精神《せいしん》は、政治《せいじ》にかかわっている人であれ、宗教《しゅうきょう》にかかわっている人であれ、多少なりとも世の中を変《か》えていこうとする人にとっては、大事なことであったのではないかと思うのです。

10 自己犠牲に生きた偉人たち⑨
――戦艦《せんかん》「大和《やまと》」の乗組員の「武士《ぶし》の魂《たましい》」

テロリストや独裁者《どくさいしゃ》による強要《きょうよう》は肯定《こうてい》されない

もちろん、これを単《たん》なるテロリストと一緒《いっしょ》にされてはいけないので、そこは難《むずか》しいところです。「自爆《じばく》テロなども自己犠牲《じこぎせい》ではないか」と言う人もいるかと思いますが、やはり、「生み出した果実《かじつ》」や、その人の持っている「精神性《せいしん》」の問題もあるでしょう。

それに、自己犠牲の精神というのは、弱い者を犠牲にして行うようなことではありません。子《こ》連《づ》れの母親のお腹《なか》に爆弾《ばくだん》を巻《ま》かせて、自爆させるといったようなものではないということです。一般人《いっぱんじん》をそういう道具として使って、ダイナマイト代わりに戦《たたか》わせることが自己犠牲の精神ではないのです。

例《たと》えば、現《げん》時点では北朝鮮《きたちょうせん》問題にもまだ決着がついていませんが、金正恩《キムジョンウン》氏《し》が言っているように、「鬼《おに》のような侵略者《しんりゃくしゃ》のアメリカや、その傀儡《かいらい》である韓国政府《かんこくせいふ》、アメリカのご機嫌《きげん》を伺《うかが》っている日本などの悪事のために攻《せ》められるから、国を護《まも》るために防衛《ぼうえい》しなければいけない」というのが本当に正しいかどうかは、金正恩氏の生き方や、周《まわ》りの人たちの生かされ方を見て判断《はんだん》しなければいけないのではないでしょうか。

北朝鮮に対して経済制裁《けいざいせいさい》をすると、一般民衆《みんしゅう》のほうが先に飢《う》えて死ぬようなことが起きています。それを見ると、自分たちの言うことをきかない人たちをどんどん粛清《しゅくせい》していく体制のなかには、専制《せんせい》的な独裁《どくさい》制、全体主義《しゅぎ》体制はあるけれども、「英雄《えいゆう》の影《かげ》」はないように思われます。金正恩氏の取り巻きの人たちが、どんなにそういう演出《えんしゅつ》をしたり、そうした映画《えいが》をつくったりしても、やはり、今のところ「英雄の影」はないように私には見えるのです。このあたりをよく知らなければいけません。金正恩氏は、自分自身の命が惜《お》しくてしかたがない方なのではないかと思います。

要《よう》するに、自己犠牲の精神といっても、テロリストや独裁者がやることと一緒にしてはいけないということです。また、専制君主や独裁者のような人から、ただ「自己犠牲の精神で死ね」と言われているだけのことに対し、「はい、分かりました」と言って、そのとおりにするといったことを肯定《こうてい》するつもりは、当然《とうぜん》ありません。

先の大戦《たいせん》で戦《たたか》った人たちが持っていた「武士《ぶし》の魂《たましい》」

ただし、先の大戦《たいせん》等を見ると、天上界《てんじょうかい》は、日本の国を護るために、家族を護るために、妻《つま》や子供《こども》を護るために死んでいった人たちに対して、必《かな》ずしも、「全員、地獄《じごく》」という判定は下《くだ》してはいないのです。

これについては幾《いく》つかの霊言《れいげん》を出しましたが、「●アメリカに全滅《ぜんめつ》させられた守備隊長《しゅびたいちょう》たちが、かなり天上界に還《かえ》っている」という事実を見ても、「自分たちが一日持ち堪《こた》えれば、本土が攻められるのが一日遅《おく》れる」と思って、本気で戦《たたか》っていた人たちの心のなかには、やはり、多少、尊《とうと》いものはあったのではないかと思います。

なお、「人類《じんるい》の三大〝バカ〟事業」の一つとして、エジプトのピラミッドや秦《しん》

●アメリカに……　『パラオ諸島ペリリュー島守備隊長　中川州男《なかがわくにお》大佐の霊言』『沖縄戦の司令官・牛島満《うしじまみつる》中将の霊言』『硫黄島《いおうとう》　栗林忠道《くりばやしただみち》中将の霊言　日本人への伝言』（いずれも幸福の科学出版刊）等参照。

の始皇帝《しこうてい》の万里《ばんり》の長城《ちょうじょう》と共《とも》に、旧《きゅう》日本軍《ぐん》の戦艦大和《せんかんやまと》が挙《あ》げられており、それは旧大蔵省《おおくらしょう》、今の財務省《ざいむしょう》にも語り継《つ》がれています。

確《たし》かに、戦艦大和自体は世界最大《さいだい》の戦艦でしたが、最後の海戦でも、その実力を発揮《はっき》して敵《てき》の空母や戦艦を沈《しず》めることもなく、航空機《こうくうき》を二十数機ほど落としたぐらいで終わってしまいました。そのため、大蔵省主計局には、「国家予算の無駄遣《むだづか》いにしかすぎなかった」「単なる鉄の屑《くず》になっていった〝海に浮《う》かぶホテル〟にしかすぎなかった」というように見えたのかもしれません。

しかし、戦艦大和は最期《さいご》、山口のあたりから、護衛《ごえい》機の一機もなく、単身、沖《おき》縄《なわ》に乗り込《こ》んでいこうとしていたのです。もちろん、これが無謀《むぼう》な作戦であることぐらい、みんな分かっていたことでした。さらに、片道燃料《かたみちねんりょう》で向かっています。「沖縄の浜辺《はまべ》に自《みずか》ら乗り上げて砲台《ほうだい》となり、敵艦隊を撃《う》って、沖縄の人を少しでも護りたい」という気持ちで行った三千人の乗組員たちがいたのです。ところが、戦艦大和は、枕崎《まくらざき》から二百数十キロぐらい離《はな》れたところで、敵の航空機からの攻《こう》撃《げき》によって撃沈《げきちん》されています。

三千人の乗組員たちは、沈められることを知っていたはずです。また、そこには軍の強制力が働《はたら》いていたかもしれませんし、外国からは、天皇陛下《てんのうへいか》を現人神《あらひとがみ》として戦ったことが、独裁君主による横暴《おうぼう》のようにも見えたかもしれません。

ただ、沖縄の人々の四分の一が殺《ころ》されるような戦況《せんきょう》でもあったので、「一矢《いっし》を報《むく》いないではいられない」という純粋《じゅんすい》な気持ちもあったのではないでしょうか。やはり、尊い気持ち、「武士《ぶし》の魂《たましい》」はあったのではないかと、私は思います。

それが無駄なことであって、生き長らえたほうがよかったという言い方もできるかもしれません。しかし、そういう戦いの精神が、最後は、アメリカ軍に本土上陸《じょうりく》を思いとどまらせた一つの要因《よういん》にもなったのではないかと考えられます。アメリカ軍は、南方戦線での激戦《げきせん》や沖縄戦等を見て、「日本本土に上陸すれば、自国の兵《へい》が百万人は死ぬ」と考えて、その前の段階《だんかい》で止《と》めてしまったところもあったと思うのです。

11 自己犠牲に生きた偉人たち⑩——弟橘媛《おとたちばなひめ》、山内千代《やまのうちちよ》の精神《せいしん》

「義務《ぎむ》より権利《けんり》」の現代人《げんだいじん》には分からない、弟橘媛の崇高《すうこう》な精神《せいしん》

現代《げんだい》のように、義務《ぎむ》よりも権利《けんり》のほうが声高《こわだか》に叫《さけ》ばれる時代においては、自己《じこ》犠牲《ぎせい》の精神《せいしん》は、みな悪として見られたり、バカだと見られたり、「成果《せいか》を生まないものはつまらない」と思われたりするのではないでしょうか。やはり、現代の塾《じゅく》や進学校の教え方、あるいは、ゲームなどで勝ち負けを競《きそ》っているような世界からすれば、そのように見えることもあるし、そのほうが頭がいいように見える

と思います。

確《たし》かに、「勝ちを得《え》て、負けは避《さ》け、この世的に得《とく》をしたら、成功《せいこう》したら、名を上げたら、幸福だ」と思うような価値観《かちかん》からすれば、自己犠牲の精神はすべてにおいて逆行《ぎゃっこう》していて、時代遅《おく》れのものであり、何の役にも立たないように見えるかもしれません。

しかし、そのなかには、「崇高《すうこう》な精神もある」ということを述《の》べておきたいのです。

幸福の科学の初期《しょき》の霊言《れいげん》の一つ、「弟橘媛《おとたちばなひめ》の霊言」●などには、現代人には理解《りかい》することが非常《ひじょう》に難《むずか》しい内容《ないよう》が書かれています。

弟橘媛は、夫《おっと》である日本武尊《やまとたけるのみこと》の全国平定の旅に同行したようですが、今の房《ぼう》総《そう》半島あたりの海上で嵐《あらし》に遭《あ》いました。当時の信仰《しんこう》によれば、それは「海神《かいじん》が祟《たた》っている」ということであったので、海神の祟りを鎮《しず》めるために、彼女は海に身

●「弟橘媛の霊言」　『大川隆法霊言全集』第13巻（宗教法人幸福の科学刊）参照。

を投げたのです。そのあとは本当に海が凪《な》いで、船は沈《しず》むことなく、日本武尊は無事《ぶじ》に海を渡《わた》ることができたと伝《つた》えられています。

現代の人には、この精神はもう分からないと思います。「海神が暴《あば》れているから嵐になった」というのは迷信《めいしん》に近いし、「海に身を投げて生贄《いけにえ》、人身御供《ひとみごくう》を差《さ》し出せば、それが治《おさ》まる」というようなことは、信じがたいと思うところもあるのではないでしょうか。

ただ、この話については、数学者で思想家でもあった岡潔《おかきよし》先生も、「弟橘媛の行為《こうい》の意味が分からない人は、ずっと後《おく》れた人間であり、猿《さる》に近い」というように考えていたようです。その崇高さが分からないようでは駄目《だめ》であり、逆《ぎゃく》に、これが分かっていたころには、日本女性《じょせい》は世界からも尊敬《そんけい》されていたし、徳《とく》を持っていたということです。そのように、彼は、「妻《つま》が夫のために身を捨《す》てる。それは大事なことだ」というように言っていました。

山内一豊《やまのうちかずとよ》に「人質《ひとじち》になれば自刃《じじん》します」と手紙を送った妻《つま》・千代《ちよ》

同じようなことは、山内一豊《やまのうちかずとよ》の妻《つま》・千代《ちよ》にもあります。

大坂《おおさか》の石田三成《いしだみつなり》等が徳川家康《とくがわいえやす》と戦《たたか》うことになったとき、石田三成は家康に味方する大名《だいみょう》の妻子《さいし》をみな人質《ひとじち》に取っていきました。

そのころ、山内一豊は家康に従《したが》って関東《かんとう》で戦っていたのですが、自著《じちょ》『嫁《よめ》の心得《こころえ》　山内一豊の妻に学ぶ』（幸福の科学出版《しゅっぱん》刊）のなかにも書いてあるように、千代は夫のもとに使いを走らせて手紙を送り、石田三成の反乱《はんらん》が起きたことを知らせました。そして、「自分は人質になるかもしれません。しかし、人質になれば私は自刃《じじん》しますから、どうぞ心置《こころお》きなく家康様のために戦ってください」というような助言をしたわけです（「笠《かさ》の緒文《おぶみ》」の逸話《いつわ》）。

こういう考え方は、離婚《りこん》の多い現代人、日本人にもアメリカ人にもヨーロッパ人にも、おそらく分からないだろうと思います。しかし、このような精神のなかには、一部、とても崇高なものが流れているということは知っておいたほうがよいでしょう。

ちなみに、弟橘媛は、その後、額田女王《ぬかたのおおきみ》としても生まれていたことが、幸福の科学の霊査《れいさ》で分かっています。その方のモデルが映画《えいが》「さらば青春、されど青春。」（製作総指揮《せいさくそうしき》・大川隆法／二〇一八年公開）に反映されていますが、大義を成《な》すために、大業《たいぎょう》を成すために、堅《かた》く自分の身の利益《りえき》を抑《おさ》えて耐《た》え忍《しの》んだ女性たちの生き方というものも、多少は現代に甦《よみがえ》らせて知ってもらわなければならないかと思います。

12　自己犠牲《じこぎせい》の精神《せいしん》は自分自身の「進化」につながる

本章では、自己犠牲《じこぎせい》の精神《せいしん》について、具体的なことも含《ふく》めて概論《がいろん》的に述《の》べました。宗教《しゅうきょう》全体を語ったわけではありませんが、「宗教的な生き方をする人の人生には、どこか、自分自身の損得《そんとく》を離《はな》れ、人のため、世のため、国のため、あるいは世界のために尽《つ》くさなければならないときがあるのだ」ということを知ってください。

もし、そのようなことを誰《だれ》も理解《りかい》できなくなったのであれば、それは、本当に「この世限《かぎ》りの世の中」であると言わざるをえません。各人《かくじん》が自分の利益《りえき》、利害《りがい》だけのために生きる世の中であり、かたちを変《か》えた「獣《けもの》の世の中」でもあるということを知ってほしいのです。

こうしたことを教え続《つづ》けるためにも、やはり、宗教というものが必要《ひつよう》なのではないかと思います。このような精神が失《うしな》われているために、歴史《れきし》の見方も狂《くる》ってきますし、現代《げんだい》の見方も狂ってきますし、宗教を見下《みくだ》す見方が流行《はや》ってもいるのではないでしょうか。

少なくとも、幸福の科学のなかにいる人たちには、ハッピーになってもらいたいと思っていますが、「宗教の精神のなかには、自分の欲《よく》を抑《おさ》え、世のためにお返しをしていかなければならないという気持ちが入っているのだ」ということは、どうか忘《わす》れないでいてください。それもまた、自分自身の進化につながるものなのです。それが分からなければ、私が実在《じつざい》の世界や天上界《てんじょうかい》、実相の世界等のことをいくら説《と》いても、その意味は分からないということです。

そのあたりのことを、本章では述べておきたいと思います。

「後世への最大遺物《さいだいいぶつ》」とは何か

内村鑑三《うちむらかんぞう》の名著《めいちょ》『後世への最大遺物《さいだいいぶつ》』のなかには、次のようなことが述《の》べられています。

「人生そのものが後世の人々の心の糧《かて》となり、勇気《ゆうき》の原動力となる、そうした素晴《すば》らしい人生は、だれもが生きることができる。だれもができることであって、最大に素晴らしいことが、人生そのものの提示《ていじ》ということだ。偉人《いじん》の生涯《しょうがい》だ。

どのような環境《かんきょう》にあっても、逆境《ぎゃっきょう》にあっても、才能《さいのう》が乏《とぼ》しくても、
素晴らしい人生を生き切ることが、
後世の人々の魂《たましい》を揺《ゆ》り動かすことになるのではないのか。
そういう人生、
後《おく》れて来る青年たちの魂を揺り動かすような人生を残《のこ》すということは、
財産家《ざいさんか》でなくとも、学歴《がくれき》がなくとも、できるはずだ。
そういう人生こそが最高ではないのか。
後世への最大遺物としての自分の人生を考えてみなさい」

私もこの考えに賛成《さんせい》です。
少なくとも、繁栄《はんえい》という以上《いじょう》は、仏《ほとけ》の心に適《かな》った繁栄であり、

自分が肉体を去ったあとに振《ふ》り返ってみて、
「自分はよくやった」と言えるようなものでなければいけません。

そうした満《まん》足《ぞく》感はいったいどこに発生するかといえば、
後世への遺物、後世の人々への遺産が残せたかどうかというところです。

ことに、後世の人々に対する心の遺産が残せたかどうかが、
最大のチェックポイントになるのではないでしょうか。

明日を変える言葉③

第3章

Bronze Doors

青《せい》銅《どう》の扉《とびら》

現代《げんだい》の国際《こくさい》社会で求《もと》められる信仰者《しんこうしゃ》の生き方

1 「青銅《せいどう》の扉《とびら》」は「霊界《れいかい》に通じる空間」への扉

教会などの「信仰《しんこう》空間」を護《まも》る「青銅の扉」

本章は、「青銅《せいどう》の扉《とびら》」という一風変《か》わった題ですが、中心テーマは「信仰論《しんこうろん》」です。

「青銅の扉」という言葉自体は、すでにお聞きになったことがあるのではないかと思います。ヨーロッパの大きなキリスト教会には、階段《かいだん》を上がっていった正面の所に、大きな重い重い「青銅の扉」があります。

宗教《しゅうきょう》で信者層《そう》を広げたいのであれば、普通《ふつう》は、「入りやすいかたち」をつくりたいものです。今風に言えば、ガラスで内部が見えて、自動扉になっているもののほうが、人は入りやすいでしょう。

ところが、教会の石段を上がると、大きな大きな「青銅の扉」が立っているわけです。それを開けるのはなかなか大変《たいへん》でしょうが、なぜ、そういうものがあるのでしょうか。

長い歴史《れきし》のなかでは、教会は、時の王権《おうけん》や他国からの侵略《しんりゃく》、別《べつ》の宗教からの攻撃《こうげき》などを受けてきたため、あるときには要塞《ようさい》のようになり、信仰者や街《まち》の人々が逃《に》げ込《こ》んで身を護《まも》るための建物《たてもの》にもなりました。

また、第一次世界大戦《たいせん》や第二次世界大戦など、大きな戦争《せんそう》のときには、空襲《くうしゅう》時に人々が避難《ひなん》した場所でもあります。さらには、戦争で死傷者《ししょうしゃ》がたくさん出たとき、傷《きず》ついた人たちが運び込まれた場所でもあります。

本来、教会などの「信仰空間」には、「多くの人に開放されたものでなければならない」という面があるのですが、一方で、非常事態《ひじょうじたい》のときや人々を敵《てき》から護らなくてはいけないとき、あるいは正義《せいぎ》が守られない時代においては、教会は「戦《たたか》い」や「抵抗《ていこう》」の象徴《しょうちょう》として、要塞の機能《きのう》も持っていなければいけないわけです。

それは街中《まちなか》の大きな教会だけではありません。例《たと》えば、イタリアやギリシャでは、海べりの辺鄙《へんぴ》な所の、海岸からかなり上まで山道《やまみち》を上がった場所に、不思議《ふしぎ》なことに教会が建《た》っていることもあります。「こんな所に、よく建物が建つな」と思うような所に、ガッシリとした、要塞のような教会が建っていることがあるのです。

それは、やはり、そのときどきの権力者や軍隊《ぐんたい》等から攻《せ》められることを予想してつくられているものなのです。

そこでは、扉を閉《し》め切れば籠城《ろうじょう》戦ができます。扉の内側《うちがわ》には中庭があり、野菜《やさい》をつくったり、井戸《いど》を掘《ほ》って水を汲《く》んだりできるようになっているので、籠城して戦う姿勢《しせい》を取れます。場所によっては、現実《げんじつ》に籠城戦が起きています。ギリシャには、教会の側《そば》に大きな火薬庫まで存在《そんざい》する所もあります。日本の中世の「一向一揆《いっこういっき》」ではありませんが、本当に世俗《せぞく》権力と戦わなくてはいけないときもあったのだろうと思います。

ヨーロッパでは「黒魔術《くろまじゅつ》」も「白魔術《しろ》」も迫害《はくがい》を受けた

そのように、いろいろなことがあるなかで信仰は護られてきたのですが、これは西洋だけではなくて、日本でもそうであったと思います。

「宗教を信じる者」と「信じない者」との戦いもあったでしょうが、宗教を信じる者たちのなかでも、考え方の違《ちが》いによって、そのつど、戦いはあったかもしれません。

例えば、ヨーロッパでは中世以前《いぜん》から、「魔女狩《まじょが》り」や「魔法《まほう》使い狩り」のようなものがずいぶんありました。

「ある意味で、『魔術《まじゅつ》の衰退《すいたい》』と『近代化』とは一体だ」という考えもありますし、事実、そういうところもあったかもしれません。
●幸福の科学の劇団《げきだん》の劇にもありましたが、魔術には「黒《くろ》魔術」と「白《しろ》魔術」の二つがあると言われています。人を呪《のろ》い殺《ころ》すような系統《けいとう》の魔術（黒魔術）もありますが、そういうものではなく、「人々を幸福にしたい」と願《ねが》っているような魔術（白魔術）もあったのです。
ただ、どちらの系統にも、なかなか王権に屈《くっ》しない人たちが多かったでしょうし、「神の力の一部を受け継《つ》いで、やっている」ということだったのでしょう。そのため、「地上の権力者に従《したが》わない面がある」という理由で、黒魔術も白魔術も区別なく迫害《はくがい》し、関係者《かんけいしゃ》を火あぶりや斬首《ざんしゅ》にするようなことは数多くあったと思われます。

●**幸福の科学の劇団の劇**……　幸福の科学の芸能事務所「ニュースター・プロダクション」が企画・製作する劇団新星《しんせい》は、第2回公演「僕は魔法が使えない？」を2018年2月22日から3月4日まで行《おこな》った。

確《たし》かに、宗教的に見れば、黒魔術系統には、そう簡単《かんたん》には許容《きょよう》しにくいものがあるところもあります。しかし、白魔術系統《けいとう》で人々を幸福にしようと努力《どりょく》していた人たちの場合は、「魔術は間違っているから禁止《きんし》する。やめなければ火あぶりなどで処刑《しょけい》する」と言われても、「はい、そうですか」とはならないことも多かったのではないかと思います。

また、黒魔術であっても、国家をめぐっての戦争や国家のなかでの戦争などで、弾薬《だんやく》等を用いる軍勢と戦うようなときには、それが必要《ひつよう》なときもあったのかもしれません。そのように理解《りかい》できる面もあります。

いずれにしても、真理を知っている者にとっては、例えば、いくら王様が偉《えら》いからといって、「はい、そうですか」と完全《かんぜん》に自己否定《じこひてい》できるものではなかったのではないでしょうか。

過去《かこ》のものを、すべて「善《ぜん》である」とも「悪である」とも言えないとは思いますが、そうしたことも踏《ふ》まえて、「信仰」というものは考えなくてはならないのではないかと思うのです。

信仰者《しんこうしゃ》となるには「決意」「勇気《ゆうき》」「この世からの遮断《しゃだん》」が要《い》る

教会の例《れい》を引きましたが、幸福の科学でも、教祖殿《きょうそでん》である大悟館《たいごかん》の正面は「青銅の扉」でできています。

この「青銅の扉」は、大悟館が建ってから一度も開《ひら》いたことはありません。当会は、世間《せけん》に対して扉を開いている宗教ではありますけれども、教祖殿については、「信仰《しんこう》の中心部分には、世間からは一歩も立ち入《い》れない」という意志《いし》を表示《ひょうじ》した建物になっています。

信仰には、そういうところがあります。信仰者になるためには、まずは扉をくぐらなくてはなりませんが、一般《いっぱん》的な普通の教育を受け、普通に育っているだけでは、なかなか扉をくぐれないものだろうと思います。

そういう意味では、一般の世俗世界において生活し、教育を受けた者にとって、「石段を登り、重い扉を開《あ》け、なかに入《はい》る」というのは、非常に「勇気《ゆうき》」の要《い》ることでしょうし、「決意」の要ることだと思います。

その重い扉の内側には別空間があるわけですが、まず、力を尽《つ》くして狭《せま》き門より入《はい》るつもりがなければ、その「信仰空間」にはなかなか入れないものだと思います。その意味での「決意」や「勇気」、あるいは「この世からの遮断《しゃだん》」が要ると思うのです。

最終的《さいしゅう》には「天上界《てんじょうかい》の最高神」につながらなくてはならない

「出家《しゅっけ》」という言葉が最近《さいきん》はよく使われていますが、やはり、「信仰空間」には「世俗空間」とは一歩違ったところがなければいけません。ほかの人たちには見えないかもしれませんが、そこには世俗の空間とは違ったところがあるのです。

現実には、教会であろうが、神社・仏閣《ぶっかく》であろうが、建物としては、この世の建物の一種《いっしゅ》であり、変わった形の宗教建築《けんちく》にしかすぎません。「雨露《あめつゆ》を防《ふせ》ぐ」という意味での建物にしかすぎない面はあります。

しかし、そのなかの空間は天上界《てんじょうかい》につながっているものなのです。

それぞれ固有《こゆう》の神を祀《まつ》っている宗教には、民俗《みんぞく》信仰としての形態を保《たも》っているものもあれば、そのなかの一派《いっぱ》を護っているものもあるでしょうが、それを貫《つらぬ》いて、最終的には、「天上界の最高神」のところに、すべてはつながっていかなければならないのです。

「神への通信手段《つうしんしゅだん》である特殊《とくしゅ》空間」を修行《しゅぎょう》によって磨《みが》き上げる

例えば、そこに来ている人たちに、どこまでの認識《にんしき》があるかは別としても、死者を葬《ほうむ》っているお墓《はか》は、原始的な形の小さい「石の建造物《けんぞうぶつ》」ではあっても、〝霊《れい》界《かい》へのアンテナ〟になっていると言われています。お墓に花や線香《せんこう》を供《そな》えてお祈《いの》りをするときには、「天国か地獄《じごく》か」は別として、その祈りが亡《な》くなった親族のところに届《とど》くようにつくられたものだと言われているわけです。

同じように、地上における神社・仏閣や教会、その他の宗教建築等も、「この世を去った実在世界にいる神への通信手段《つうしんしゅだん》としての特殊《とくしゅ》空間」であるわけです。

幸福の科学の総合《そうごう》本部の建物も同じです。近所には、ほかの建物もたくさんありますが、一歩、総合本部のなかに入ったら、やはり、そこは「異次元《いじげん》空間と通じている空間」なのです。したがって、その建物の外側にある道路で祈った場合と、建物のなかで祈った場合とでは、意味合いはまったく違っています。

「日々、修行者《しゅぎょうしゃ》たちがそこで修行をし、教学をし、宗教のための仕事を続《つづ》けている」ということは、「その空間が天上界の高いところまで届いていくように、日々、空間を磨《みが》き上げている」ということなのです。

「空間を磨く」とは変な言葉かもしれませんが、それは、まさしく、空間のなかで、その空間を磨きつつ、天上界の中心部へ向けて「信仰の塔《とう》」を建てているようなものだと考えてよいと思います。

そこは特殊空間です。その空間（総合本部）で、私はもう何百回も説法《せっぽう》をしていますが、そこが「不浄《ふじょう》の空間」であってよいわけがありません。

一般向けの講演会《こうえんかい》等の場合、外部の会場で法話《ほうわ》をすることもありますが、そこでは、そのつもりで話をしています。そのときには通常よりも強い念力《ねんりき》が必要です。世俗の波動《はどう》とか、さまざまな反対意見や考え方とか、ネガティブなものもたくさん入ってくるので、そういうものを押《お》し流して、「光の奔流《ほんりゅう》」とならなくてはなりません。当然《とうぜん》、大きな力が要るのです。

本来、「神仏《しんぶつ》」と称《しょう》するもの、あるいは、それに側近《そばちか》き高級神霊《しんれい》等は、信仰者の間でなければ降《お》りてくるものではありません。本来は、信仰者がいる空間でなければ、そういう霊存在は降りてくるものではないのです。

したがって、神社・仏閣や教会には意味があり、「そこに光が降りてくる。そこに、信仰の対象となっている霊存在が降りてくる」と考えられているのです。

もちろん、仕事としては、日ごろ、いろいろなところで、いろいろな仕事がなされているわけですが、しかるべき信仰空間のなかで、信仰者たちがお祈りや祈《き》願《がん》などのお勤《つと》めをしているときには、当然ながら、そうした信仰空間には、まさに電流が流れるように、雲の上から雷《かみなり》が避雷針《ひらいしん》に落ちるように、天上界の霊流《れいりゅう》がストーンと降りてくるものです。

そういう意味で、「信仰空間を護り、磨き抜《ぬ》く」ということは、とてもとても大事なことであると思います。

2　人間には「信仰《しんこう》の本能《ほんのう》」がある

もっと単純《たんじゅん》に、正直に、透明感《とうめいかん》のある生き方を

信仰《しんこう》ある人々であっても、自宅《じたく》にいたり、学校に行ったり、会社に行ったりして、日常《にちじょう》の生活をしている間には、世俗《せぞく》に紛《まぎ》れて生きているので、必《かなら》ずしも、その信仰をあらわにして生きているわけではなかろうと思います。そういう意味で、信仰は半分隠《かく》したかたち、眠《ねむ》らせたかたちになっているだろうと思うのです。

確《たし》かに、信仰を出しすぎると、この世的に生きにくいところもありましょう。例《たと》えば、一般《いっぱん》の公立の学校でも、デパートでも、それ以外《いがい》のところでも、信仰色を強く出しすぎると、なかなか共存共栄《きょうぞんきょうえい》できないことも、ままあります。

そのため、「それを適度《てきど》に調整する知恵《ちえ》」というものがあって、世俗的に生きている人も多いだろうとは思います。その部分は、一般的には「知恵」と考えられるところかと思います。

もちろん、知恵がないと、信仰空間と世俗空間との両方にわたって生きていくことは、なかなか難《むずか》しいことではあります。

しかしながら、この知恵も、信仰の最終段階《さいしゅうだんかい》においては、完全《かんぜん》に自分を護《まも》るものではないところもあると私は思います。本当の最終形態《けいたい》としての信仰体験《たいけん》を積《つ》むためには、この〝知恵の仮面《かめん》〟もかなぐり捨《す》てねばならないのではないかと思うのです。

それは、どういうことかというと、「信仰者というのは、もっと単純《たんじゅん》に、もっと正直に、そして、もっと透明感《とうめい》を持った生き方をしなければいけないこともある。隠すことなく、恥《は》ずかしくない生き方をすることも大事である」ということだと思います。

これは、その信仰の形態が、「宗教《しゅうきょう》」というかたちで、この世にどれほど受け入れられているかによっても違《ちが》うだろうとは思います。

あまりに小さい団体《だんたい》の場合、世間《せけん》からの波風が強すぎて、受ける被害《ひがい》が大きすぎるようになると、隠すかたちでの生き方が多くなると思うのです。隠れキリシタンのようなかたちの生き方をすることも多いと思います。

それが一定の規模《きぼ》になると、存在《そんざい》としては世俗的に認《みと》められるようにはなるでしょう。もちろん、世俗的に存在は認められたとしても、ほかにも、そうした存在はあるので、お互《たが》いにどういう関係《かんけい》を築《きず》くか、許容《きょよう》し合うか、それとも排除《はいじょ》し合うか、そのあたりについては、歴史的《れきし》にも、いろいろあっただろうとは思います。

いずれにしても、一定の規模の存在となれば、世俗的に認められる面はあるでしょう。

自分とは異《こと》なる信仰《しんこう》を持つ人の仕事を見るときに思うこと

その宗教の規模がもっともっと大きくなって、「国レベルで丸ごと信仰《しんこう》に包《つつ》まれている」というか、「その信仰がなければ成《な》り立たない国家」というものもあります。それは、かなり強いものです。

ただ、その宗教がまだ広がっていない国においては、やはり、軋轢《あつれき》は起きていますし、信仰を持つがゆえに人権弾圧《じんけんだんあつ》を受けているような人たちもいます。それも、伝道《でんどう》の最前線においては、日夜《にちや》、戦《たたか》いと言えば戦いではあろうと思います。

また、他の信仰を持つ人たちからは、「信仰としては同じく理解《りかい》はできても、やめていただきたいと思う行為《こうい》はある」と言う人も出てくるでしょう。

例えば、イスラム教系《けい》の国の飛行機《ひこうき》に乗ったとします。もちろん、その飛行機が機械《きかい》として、きちんと空を飛《と》ぶようにつくられていて、運転をきちっとしてくれるのなら、別《べつ》に乗っても構《かま》わないですし、高級なサービスをしてくれる面もあると私は思っています。

しかし、もし、ときどき、メッカの方向に向かって、操縦士《そうじゅうし》も含《ふく》め、みなで床《ゆか》に座《すわ》ってお祈《いの》りをし始められたりしたら、飛行機が落ちるのではないかと思って心配になり、「イスラム教徒《きょうと》でないパイロットもいてくれないと困《こま》るな」と思うこともあるでしょう。「その間は、どのようなかたちで飛んでいるのだろうか」などと思うと、やはり、怖《こわ》いことは怖いでしょう。

このあたりは、決して正邪《せいじゃ》について言っているわけではないですし、「アッラーの御心《みこころ》のままに飛んでいればいい」という考えもないわけではないでしょう。ただ、国籍《こくせき》と信仰が違うと、多少、感じるものはあるかもしれません。

命が懸《か》かる職業《しょくぎょう》には信仰《しんこう》を持っている人が多い

一方、逆《ぎゃく》の例《れい》もあります。日本にも、ＪＡＬ《ジャル》（日本航空《こうくう》）やＡＮＡ《エーエヌエー》（全日空）などの飛行機が飛んでいますが、幸福の科学が宗教法人格《ほうじんかく》を取る前年、一九九〇年ごろに、講演会《こうえんかい》等のスケジュールの都合《つごう》で、九州のほうに、「飛行機で飛んで、帰ってくる」というようなかたちで行ったことがありました。

そのときに、飛行機のなかの、今は「ＣＡ（キャビン・アテンダント）」と言うのかもしれませんが、当時は「スチュワーデス」と呼《よ》ばれていた人たちが、「『今日は、幸福の科学の大川隆法先生が乗っていらっしゃるから、この飛行機は落ちない』と、出発前にみんなで話していました」というようなことを言ってくれたことがありました。

しかも、それはＣＡだけではなく、パイロットたち、機長と副《ふく》操縦士の両人も

CAと一緒《いっしょ》になって、「今日は大丈夫《だいじょうぶ》だ」と言ってくれていたようなのです。

それを聞くと、当会がまだ宗教法人格を取る前の段階でも、けっこう影響力《えいきょうりょく》があったと言えばあったのかもしれません。また、そうした命が懸《か》かるような職業《しょくぎょう》においては、「信仰《しんこう》を持っている人や、何かの宗教に入っている人はとても多い」という噂《うわさ》も聞きました。

もちろん、信仰を持っている人が、全員、幸福の科学の信者というわけではないと思います。ほかの宗教の人も多いと思うのですが、そのようなかたちで、「今日は大丈夫だ」というようなことを言ってくれていたのです。

もっとも、その当時であっても、機長やCAなど、機内の全乗組員のなかには、たいていの場合、すでに一人ぐらいは幸福の科学の信者がいたようです。

ただ、彼らもサービス業なので、やはり、こちらをリラックスさせなくてはいけません。そのため、普通《ふつう》のお客のように接待《せったい》しながら、降《お》りる間際《まぎわ》になって、

「実は私、(幸福の科学の) 信者です」というように言われることがあり、私も「しまった!」と思うことは多かったのです。

例えば、「かわいらしい寝顔《ねがお》でしたよ」などと言われて、「しまった。まずかったな。乗務員《じょうむいん》が当会の信者だと分かっていたら、もう少し、真剣《しんけん》に勉強しているところを見せるべきだった。そんな姿《すがた》を一時間も見られていたのか」と思うようなことも、たまにはありました。

人間には本能的《ほんのう》に信《しん》じているものがある

ともあれ、単に登録《とうろく》だけしている信者《しんじゃ》もいれば、信者ではない人もいるのですが、それでも宗教に対しては、「何かのときに、自分たちを護ってくれる一定の力が働《はたら》くのではないか」というように考える人はいます。

それは、国内においても海外においても同じです。海外に行ったときにも、やはり、どこにいても、その近くにいる人がしっかりとこちらのことを知っていたりすることはありました。

そのようなこともあるので、「幸福の科学は、いろいろなところで知られていて、やはり、目に見えない力は持っているのだ」ということは知っておいていただきたいと思います。

一般的には、宗教のことになると、外向きには、あまり話題にしないようにしたり、知らない顔をしたりすることは多いとは思うのですが、みな、別の意味での力を感じていたり、信じていたりすることはあるわけです。

そういう意味で、人間というのは、いくら頭で否定《ひてい》したり、考えないようにしたりしていても、本能的《ほんのう》に信じているものはあります。やはり、信仰心のなかには本能的なものがあるのです。

なぜなら、各人《かくじん》は幾転生《いくてんしょう》しているので、どこかの転生の過程《かてい》で、信仰に出合っていることが多いからです。今世《こんぜ》の教育では、そういうものを教わっていないために、頭では「信じられない」と思っていても、「本当は、深いところで信じている」ということはありえるのです。

したがって、今回は大きな機会なので、できれば、「そのような人たちも、何とか青銅《せいどう》の扉《とびら》を押《お》し開けてきてほしい。重いかもしれないし、入りやすくはないかもしれないけれども、どうか青銅の扉を押し開けて入ってきてほしい」と思っています。

3　本物の信仰《しんこう》は国家や民族《みんぞく》をも超《こ》えていくもの

信仰を護《まも》る努力《どりょく》・研鑽《けんさん》の生き方

いったん信仰《しんこう》を持ったならば、それからあとは、やはり、その信仰を護《まも》るということも極《きわ》めて大事なことです。

幸福の科学に入るのにも勇気《ゆうき》や力は要《い》るでしょうし、おそらくは、周《まわ》りからの反対もあろうとは思います。しかし、いったん信じたあとは、努力《どりょく》・研鑽《けんさん》をすることです。

そして、さまざまな誘惑《ゆうわく》や試《こころ》みが出てきたとしても、そうした誘惑や試みを、自《みずか》らが退転《たいてん》するための簡単《かんたん》な言い訳《わけ》にしないようにすることです。「それも各人《かくじん》の修行《しゅぎょう》なのだ」ということを知っていただきたいと思います。

したがって、信仰ということに関《かん》しては、やはり、「男女の愛《あい》」を超《こ》えなければいけない面はどうしてもあるでしょう。過去《かこ》には、「信仰は恋愛《れんあい》に似《に》ている」という言い方をしたこともありますし、もちろん、そういった面はあると思います。しかし、「男女の愛」を超えなければ、「本物の信仰」とは言えないでしょう。やはり、「神への愛」が勝たなければ駄目《だめ》なのです。

そういう意味では、「男女の愛」「家族への愛」、「共同体《きょうどうたい》への愛」など、いろいろあると思いますが、信仰はそれらを超えていかなければならないわけです。


本物の宗教《しゅうきょう》の信仰《しんこう》は「国家への愛《あい》」も超《こ》えていく

「では、『国家への愛《あい》』についてはどうなのだろう」、そう思う人もいるかもしれません。もちろん、「民族《みんぞく》や国家への帰依《きえ》・帰順《きじゅん》」ということはありますし、

「それに従《したが》う」という考え方は、生きていく知恵《ちえ》としては当たり前のことではあるでしょう。また、当然《とうぜん》、国家や民族も恩《おん》を施《ほどこ》して、そうした人々のことを護っているところはあるとは思います。

しかし、信仰《しんこう》の本当の本当のところを突《つ》き詰《つ》めて述《の》べるとすると、やはり、国家のレベルを超《こ》えなければいけないところまで行くと思うのです。

実は、かつてのマルクス主義《しゅぎ》は、「国家を超えて、インターナショナル（国際《こくさい》的）なものでなければいけない。世界を一つにするようなものでなければいけない」というものでした。要《よう》するに、信仰に対置《たいち》されるべきマルキシズムでさえ、「国家や民族を超えてつながらなければいけない。世界的な革命《かくめい》でなければいけない」というようなことを言っていたわけです。

したがって、本物の宗教《しゅうきょう》のほうも、やはり、会社や民族や国家を超えるものでなければならないと思います。もちろん、「それが、紛争《ふんそう》や戦争《せんそう》の理由に、単純《たんじゅん》に使われてしまってはいけない。それほどバカであってはいけない」とは思いますが、内心では、そうした会社や民族や国家を超えなければ駄目だと思うのです。

そういう意味で、「日本人だから、日本人的宗教観《かん》の範囲《はんい》内にとどまる」という考えでは、残念《ざんねん》ながら、世界にまでは届《とど》かないと思います。

例《たと》えば、幸福の科学の信者のなかにもイスラム教の信仰を持っている人はいますが、「彼らは、唯一神《ゆいいつしん》アッラーを信じているので、他の宗教に信仰を変《か》えた場合には、死刑《しけい》になることもある。国家によっては、死刑にされる場合もある」と言われています。そのように、「イスラム教から改宗《かいしゅう》することは、それほど重い罪《つみ》だ」と言われているのです。

しかし、考えてもみてください。アッラーは、今から約《やく》千四百年も前に、中東の地で人々を導《みちび》くために教えを説《と》き、それが『コーラン』として遺《のこ》ったわけです。もし、その教えを今でも変えてはいけないのであるならば、「その後、約千四百年間、アッラーは、まったく仕事をしていない。働《はたら》いていない。人類《じんるい》を救《すく》おうとしていない」ということになります。

そのようなことは、ありえないでしょう。

民族神《みんぞくしん》や一神教の神の限界《げんかい》とは

なお、小文字で書いた〝gods《ゴッズ》〟、つまり〝小さな神々〟というのは、もちろん、西洋文化圏《けん》にもたくさん存在《そんざい》することは存在します。そうした民族神《みんぞくしん》、あるいは、民族神よりもう少し下のレベルの「god《ゴッド》」もありえるとは思うのです。

しかし、大文字で書いた「The《ザ》 God《ゴッド》」は、やはり、一人であるわけです。その「The God」が、キリスト教の「God」なのか、イスラム教の「God」なのか、あるいは、昔のギリシャで言うところの「God」なのか、エジプトの「God」なのか、イスラエルの「God」なのかは分かりません。

そのように、「God」にも幾《いく》つかありますが、やはり、国を通したり、民族を通したりすると、そうした唯一の「God」も狭《せば》めて考えられることが多いのです。

例えば、今現在《げんざい》、イスラエルには八百万人ぐらい住んでいると思いますし、おそらく、世界にはユダヤ人が千五百万人はいるかと思いますが、もし、イスラエルの人々が信じている「God《ゴッド》」が造物主《ぞうぶつしゅ》で、真実のものであるというなら、千五百万人程度《ていど》のユダヤ人のことしか指導《しどう》していないGod、護っていないGodであるはずはありません。やはり、彼らを護りつつ、彼ら以外《いがい》の人々に対しても、その力や教えが及《およ》んでいなければいけないでしょう。それがイスラエルの「God」でないのなら、姿《すがた》を変えたかたちで指導しているはずです。

それから、イスラム教もキリスト教を猛追《もうつい》しており、その信者は世界に十六億《おく》人いるとも言われていますし、キリスト教の信者も、二十億人を超えて二十二億人はいるとも言われています。そのように、両者とも競《きそ》うように信者を増《ふ》やしてはいますが、まだ地球全体を覆《おお》うことはできないでいます。

一方、十四億人もの人口を持っている中国は、建前上《たてまえじょう》は「無神論《むしんろん》」ということになっています。

また、十三億人以上の人口を持つインドは、多神教と言われているとおり、神々がたくさんいるため、唯一神信仰ではないものの、あえて言えば、ヴィシュヌ神的な存在が「God」と言えるかもしれません。

なお、ヴィシュヌ神には観音様《かんのんさま》のように十の顔、すなわち分身《ぶんしん》があって、「その顔の一つがゴータマ・シッダールタ、仏陀《ぶっだ》である」と言われています。それが正確《せいかく》であるかどうかは分かりませんが、言わんとするところは分かる気がします。要するに、インドの人たちは、「インドの最高神《さいこうしん》の一面が、約二千五百年前にゴータマ・シッダールタとしてその姿を見せたのだ」というかたちで理解《りかい》はしているわけです。

インドの新仏教《しんぶっきょう》より、もっと新しい仏教である幸福の科学

インドの仏教《ぶっきょう》はイスラム教徒《きょうと》にいったん滅《ほろ》ぼされているため、インドにおける仏教徒自体は、今はそれほど多くはありません。近年では新しい仏教も起きてはいますが、これは主として、いわゆる下層《かそう》階級の人たちが「カースト制廃止《せいはいし》」などを目指して起こしているものであり、伝統《でんとう》的な仏教のほうは、これとは少し距離《きょり》を取っているようです。

そうした、アンベードカル●が説いた新仏教では、仏像《ぶつぞう》の代わりなのか、彼の銅像《どうぞう》を建《た》てたりしていますが、〝背広《せびろ》を着た仏陀〟ではないけれども、何となく違《い》和《わ》感があります。とはいえ、当会にも背広姿の私を模《も》したものもあるので、お互《たが》い様ではあるのかもしれません。

一方、幸福の科学では、幸いにして、インドのブッダガヤでいちばん伝統的な、

●アンベードカル（1891～1956）　インドの社会改革運動家、政治家。ボンベイ（現ムンバイ）の大学を卒業後、米英に留学。その後、カースト制に苦しむ不可触民《ふかしょくみん》の解放運動に尽力した。死の2カ月前に、数十万人の不可触民と共に仏教に改宗、新仏教運動へのきっかけとなった。独立インド初代法務大臣。

最古にして最大と言われている仏教寺院の側《そば》で、私が四万人以上を集めての野外説法《せっぽう》もしています。また、このとき、会場の前列には、法衣《ほうい》を着たマハーボーディ寺院の最高位《さいこうい》の僧侶《そうりょ》たちがズラッと陣取《じんど》って聴《き》いていたのです。そうした状況《じょうきょう》で話をしました。

それまでは、その会場での過去最大規模《きぼ》の動員数は、チベットから亡命《ぼうめい》したダライ・ラマの講演会《こうえんかい》に集まった二万五千人だったそうですが、私の講演会には、幕《まく》で仕切って入れるようにした会場に四万人以上が集まったのです。さらに、「講演中にも次から次へと人が来ていたけれども、会場に入れず、幕の外から潜《もぐ》って入ってこようとする人もたくさんいた」という状況でした。

そのように、私は、インドの伝統仏教における最大の寺院の一つで、仏陀が悟《さと》りを開いたとされる菩提樹《ぼだいじゅ》の孫《まご》か、ひ孫に当たると言われる大木《たいぼく》があることを誇《ほこ》りにしている寺院の側で、過去最大の講演会をしたわけです。私の話を聴くため

●**四万人以上を集めての野外説法も……**　2011年3月6日、インドのブッダガヤで"The Real Buddha and New Hope"《ザ リアル ブッダ アンド ニュー ホープ》（真なる仏陀と新たな希望）と題し説法を行《おこな》った。『大川隆法　インド・ネパール巡錫《じゅんしゃく》の軌跡《きせき》』（幸福の科学出版刊）参照。

に、大勢《おおぜい》の人が裸足《はだし》で何キロも歩いて来ていたとも聞いています。

先ほど述べたように、インドには、現代の差別撤廃《さべつてっぱい》を目指している新仏教もあって、その指導者は、私と同じように背広を着てはいましたが、この新仏教よりもっと新しい仏教である幸福の科学に帰依した伝統的な仏教のお坊《ぼう》さんは、かなりの数いるのです。つまり、お寺に属《ぞく》しつつ、幸福の科学に帰依している人がたくさんいるわけです。

民族《みんぞく》性や国家の枠《わく》を突《つ》き抜《ぬ》けなければならない「最高神《さいこうしん》の定義《ていぎ》」

もちろん、幸福の科学の信者のなかには、仏教徒以外にも、イスラム教徒やキリスト教徒、それ以外の宗教を信じている人もいます。

ただ、それぞれのところに最高神《さいこうしん》を名乗る存在がいながら、結局《けっきょく》、それは「民《みん》族《ぞく》性」や「国家の枠《わく》」に縛《しば》られているものではあるので、最終的にはそれを突《つ》き抜《ぬ》けていかねばなりません。

前述《ぜんじゅつ》したように、ユダヤ教というのも、伝統があって、いろいろな宗教に影響《えいきょう》を与《あた》えたものではありますが、ユダヤ教の神を「ユダヤ人だけを愛する神」と定《てい》義《ぎ》した場合、それは「創造主《そうぞうしゅ》」でもなければ、「One God《ワン ゴッド》」や「すべての人類の父」ではありえないと思うのです。

確《たし》かに、ユダヤ教の教えのなかにも、「最高神の教え」は当然、流れてはいるだろうと思います。「その教えのなかで、民族性を超えた普遍《ふへん》的なものが、The Godの教えを引き継《つ》いでいるものだ」と考えてもよいでしょう。また、そうした流れは、ヒンズー教や中国の古い道教《どうきょう》などであっても、そのなかに入っているだろうと思うのです。

一方、日本の宗教観はかなり希薄《きはく》になっていて、神道《しんとう》においては、「鳥居《とりい》をくぐるだけで信者になれる」、「参道《さんどう》の真ん中は神様が通る」、「二拍手《はくしゅ》してお辞儀《じぎ》をする」など、こういう「かたち」のところは重んじられてはいますが、「教え」のところは残念ながらどうもはっきりとはしておらず、仏教的なもので補《おぎな》ったりしています。

さらに、仏教においても、その流れのなかには、哲学的《てつがく》になりすぎて、「本当の神の教えは何か」がよく分からないところもあるでしょう。地上に生まれた仏陀が、人間としての生涯《しょうがい》を八十年余《あま》り送ったにもかかわらず、「天上天下唯我独尊《てんじょうてんげゆいがどくそん》」、つまり、「天の上にも下にも自分より尊《とうと》い者はない」と言った、その言葉の真意が分からなくなっています。

人間がつくった教えという意味では、哲学は人間がつくれるものだと考えられていて、現在では、仏教を、「いわゆる宗教とは違《ちが》うもので、一種《いっしゅ》の唯物性も帯《お》びたような人生学、哲学なのだ」と捉《とら》える向きもあります。学者のなかにも、さらには、一部お寺のなかにも、こうした考えを持つ人はいるのです。

しかし、そうであれば、仏教のお寺が、死んだ人に対して法要《ほうよう》をしたり、お墓《はか》を守ったりしている意味はほとんどないのではないでしょうか。

「死んだら終わり」なのであれば、お墓の空間を維持《いじ》する必要《ひつよう》はないわけで、例えば、東京都心であれば青山霊園《あおやまれいえん》などもありますけれども、あれほど地価《ちか》の高いところにお墓をたくさんつくっておく必要もありません。全部崩《くず》して建物に変えたほうが、資産効果《しさんこうか》としてはかなり高いはずですが、なくならないのは、やはり、人々に信じている部分があるからだろうと思います。

4 信仰《しんこう》と現代《げんだい》社会の職業《しょくぎょう》のバランス

古い宗教《しゅうきょう》の欠点《けってん》を乗り越《こ》える新しい宗教

こうして見ると、どの宗教《しゅうきょう》にも一長一短《いっちょういったん》があって、完全《かんぜん》なものはありません。ただ、「あとから出てくるものほど、前にあるものの欠点《けってん》を乗り越《こ》えて、もう一段《いちだん》、総合《そうごう》的なもの、もう一段、至高《しこう》のものを出す可能《かのう》性は高い」と思うのです。

幸福の科学は一九八一年の私の大悟《たいご》から始まって、一九八六年に立宗《りっしゅう》し、一九九一年に宗教法人《ほうじん》として認《みと》められました。この規模《きぼ》で認められた宗教としては、いちばん新しいものです。そうでありながら、すでに日本を代表する宗教であることは確実《かくじつ》です。

実際《じっさい》にその活動を見れば分かるとおり、幸福の科学よりも活発に活動している宗教は、残念《ざんねん》ながら見当たりません。もちろん、当会のまねをしようとしている宗教はあって、本を出そうとしたり、アニメをつくろうとしたり、映画《えいが》をつくろうとしたりと、いろいろな努力《どりょく》をなされてはいます。「幸福の科学がやったことをまねしたら、広がるのではないか」と思ってまねしているところもあるでしょう。

しかし、今のところ、私たちの前には、もはや手本となるものはありません。したがって、自分たちで道を拓《ひら》いて、その道を固《かた》め、あとの人たちが続《つづ》いてこられるようにしなければならないと考えています。

ビジネスリーダーにとっての信仰《しんこう》の実践《じっせん》

そういう意味で、いったん、「青銅《せいどう》の扉《とびら》」を押《お》し開けて、その信仰《しんこう》空間のなかに入った方々は、何十年かの人生を生きている間に、さまざまなことを経験《けいけん》されるでしょう。信仰を持つがゆえに、批判《ひはん》されたり、苦しい思いをしたり、仕事上、不利《ふり》になったりすることもあると思います。

例《たと》えば、現代《げんだい》は唯物論系《ゆいぶつろんけい》の学問が主流になっているので、学生が幸福の科学の信者になれば、唯物論的に学問を考えている教授《きょうじゅ》などから見れば、「こいつは、ちょっと駄目《だめ》だな」と思われて、不利な結果《けっか》を受けるかもしれません。

さらに、会社に勤《つと》めていても、気をつけないと、信仰を持っていることで、「全社的なリーダーになれるのか、エリートになれるのか、ちょっと心配だな」と見られてしまうこともあると思うのです。

映画「さらば青春、されど青春。」（製作総指揮《せいさくそうしき》・大川隆法《おおかわりゅうほう》／二〇一八年五月公開）にも出てきましたが、会社であっても、「信仰心を持つことと、エリートになって会社を背負《せお》って立つこととが両立するかしないか」という問題はあります。

もちろん、「信教の自由」があるので、会社としても、各人《かくじん》が個人的《こじん》にどのような宗教を信じていても構《かま》わないとは思っているでしょう。

ただ、信仰を持つ人が、会社でエリートになり、大勢《おおぜい》の部下を使うようになったら、つまり、部長になり役員になり社長になって、全社に指揮命令《しきめいれい》を出すようになったら、場合によっては、会社自体がコロッと変《か》わってしまうこともありえるわけです。

例えば、イスラム教徒《きょうと》の社長になると、会社全体がイスラム教になってしまったという感じの変わり方をするかもしれません。あるいは、キリスト教は歴史《れきし》が長いからいいだろうということで、クリスチャンが社長になったときに、「私がクリスチャンなのだから、社員も全員キリスト教に改宗《かいしゅう》せよ」などと言えば、みな抵抗《ていこう》するだろうと思います。もともとクリスチャンの人たちにとっては構わないかもしれませんが、そのあたりの加減《かげん》はあるわけです。

公的な職業《しょくぎょう》と信仰《しんこう》の実践《じっせん》

また、最高裁《さいこうさい》の判事にクリスチャンがなるような場合もあります。ただし、その場合は、自分の信仰《しんこう》は信仰として持ちつつも、職業上《しょくぎょうじょう》では、日本の法律《ほうりつ》と過去《かこ》の判例《はんれい》等に照《て》らして、「裁判官《さいばんかん》であれば、誰《だれ》であってもそう考えるであろう」という判断《はんだん》をするような人を選《えら》んでいるはずです。クリスチャンとしては、「死刑《しけい》制度《せいど》には反対だ」と思っている人もいるでしょうが、もし、最高裁の判事という立場に立った場合には、日本の裁判官として職業を持っている以上《いじょう》、厳《きび》しい判断も必要《ひつよう》になるわけです。

例えば、「登園中の幼稚園児《ようちえんじ》を、ダンプカーでわざと何十人も轢《ひ》いて殺《ころ》した」というような事件《じけん》があったならば、やはり許《ゆる》しがたいことであり、犯罪《はんざい》として厳《げん》重《じゅう》に処罰《しょばつ》しなければならないでしょう。

そのような職業的な苦しみはどこにでもあるとは思いますが、地位《ちい》が高くなればなるほど影響力《えいきょうりょく》も増《ふ》え、いろいろな人々からの批判を受けることがありますし、「自分の良心《りょうしん》」と「世間《せけん》の常識《じょうしき》」との間で板挟《いたばさ》みになることもたくさんあるだろうと思います。これが非常《ひじょう》に難《むずか》しいところではないでしょうか。

今、影響力を持っているものといえば、例えば、ジャーナリズムなどもそうでしょう。テレビ局や新聞社、あるいは出版社《しゅっぱんしゃ》、雑誌社《ざっししゃ》等は世論《せろん》に大きな影響を与《あた》えています。

これらの仕事をしている人も、日本国憲法《けんぽう》の下《もと》に「信教の自由」はあるので、たとえ大手のテレビ局に勤めていても、信仰を持つのはもちろん構わないことですし、朝日新聞社に勤めている人が幸福の科学の信者であっても別《べつ》に構わないのです。それは、会社をクビにする理由にはならないわけです。

ちなみに、朝日新聞の論壇《ろんだん》記事を交替《こうたい》で書いている人のうちの一人は、幸福の科学の信者であるという噂《うわさ》があります。表には出せないだろうと思いますが、「その人の執筆《しっぴつ》の番になると、急に幸福の科学の論調と同じような論説《ろんせつ》が出てくる」と言われています。

もちろん、読売新聞や毎日新聞、産経《さんけい》新聞等の新聞社にも信者はいますし、テレビ局にもいます。

ただ、そういう会社に勤めている以上、会社としての方針《ほうしん》があって、そこで容《よう》認《にん》できる範囲《はんい》内でしか意見が言えないという限界《げんかい》はあるだろうと思われます。したがって、このあたりで戦《たたか》ってはいるのでしょう。

確《たし》かに、これは知恵《ちえ》の部分として必要なところもあるかもしれません。家族を護《まも》り、自分の生活を護らなければならないという意味では、ある程度《ていど》は容認せざるをえないと思う面もあります。

しかしながら、ずっとそのままでよいというわけではないということです。

教会や神社・仏閣《ぶっかく》などの教団施設《きょうだんしせつ》に入ったときだけは〝完全な信仰〟を持っていて、そこから出たときには、カメレオンのように世間の色に変わるようなこともあるだろうとは思うのですが、そうであったとしても、次第《しだい》しだいに信仰に対する自信を持ち、人間としての自覚《じかく》を持っていくべきでしょう。「信仰を持った人間」としても、いろいろな職業において、きちんと認められるということも大事であるわけです。

細《こま》かいところにまで信仰《しんこう》教育が届《とど》きすぎた場合の問題

ただ、あまり具体的に、細《こま》かいところにまで信仰《しんこう》教育が届《とど》きすぎると、職業が成《な》り立たない場合もあります。

例えば、仏陀在世時《ぶっだざいせじ》等、「原始仏教」といわれる初期《しょき》のころの仏教であれば、「生き物に危害《きがい》を加《くわ》えない」ということを言っていました。仏陀は、「人間や他の生命《せいめい》あるものの命を奪《うば》ってはならない」という教えを説《と》いていたので、魚を獲《と》る漁師《りょうし》も獣《けもの》を獲る猟師《りょうし》も、実は穢《けが》れがあることになるわけですが、それだと、その職業は成り立たないことになります。

一方、キリスト教のイエスは、ガリラヤ湖で魚を獲っていた漁師を、何人も最高幹部《かんぶ》として引き抜《ぬ》いて連《つ》れていっています。数多くの魚を殺《あや》めた者たちが十二弟子《でし》に入っているということでは、殺生《せっしょう》を気にしていないと言えば気にしていないわけです。

また、飲酒については、仏教の場合、五戒《ごかい》のなかに「不飲酒戒《ふおんじゅかい》」があるので、お酒を飲んではいけないことになっていますが、キリスト教の場合、イエスはワインを飲むのが好《す》きであったのか、それが儀式《ぎしき》になっています。イエスが、「ぶどう酒は、わが血なり。私の血を飲め。私の肉体を食らえ」と言ったことが、ワインを飲み、せんべいのようなパンを食べたりする儀式になって遺《のこ》っているので、開祖《かいそ》の個性の差《さ》はあるのでしょう。

このように、世界的な宗教でも多少の差がある場合は、若干《じゃっかん》のアローワンス（許容範囲《きょようはんい》）があるというか、教祖の性格《せいかく》の影響はあると思わなければならないのです。

例《たと》えば、極端《きょくたん》化しすぎたジャイナ教には無理《むり》がある

ただ、極端《きょくたん》化しすぎると無理《むり》はあります。

例《たと》えば、仏陀の時代における仏教のライバル教団として、ジャイナ教団がありました。当時のジャイナ教における「中興《ちゅうこう》の祖」とも言えるマハーヴィーラという人は、二十四代目に当たりますが、一世代三十年と考えても、仏教よりも数百年以上は古い宗教であると思われます。

仏教では、「命を大事にせよ」ということをずいぶん説いていましたけれども、

ジャイナ教も徹底《てってい》した不殺生《ふせっしょう》でした。「生き物を殺すなかれ」ということでは、例えば、「空中の生き物を吸《す》い込《こ》んではいけない」とされるため、息もできないほどであり、マスクをする人もいました。また、蟻《あり》などを踏《ふ》み潰《つぶ》したりしてはいけないので、小さな箒《ほうき》のようなもので道を掃《は》きながら歩いているような人もいました。

そのように、ジャイナ教には不殺生を徹底したところがあるので、仏教もその影響を少し受けていたのかもしれません。

ちなみに、昔、私がインドへ行ったとき、蚊《か》があまりに多かったため、「これはどうにかならないのか」と言ったことがありました。ブッダガヤのほうへ行ったときに泊《と》まったホテルは、旅行会社が押さえた部屋であり、現地では、いちおう、いちばんよいホテルのいちばんよい部屋だったのです。

ところが、そういう部屋であっても、蚊が数十匹《ぴき》はいるようなありさまでした。

しかも、日本の蚊のようにか弱いものではなく、馬や牛などを刺《さ》せるのではないかというような、そうとうな〝強者《つわもの》〟だったのです。それだけインド人の皮膚《ひふ》は丈夫《じょうぶ》なのかもしれませんが、日本の蚊なら突《つ》き通せないと思われる皮膚をも突き通すほどの蚊であったわけです。

そのようなわけで、「南無阿弥陀仏《なむあみだぶつ》」と称《とな》えたかどうかは定《さだ》かではありませんが、「仏陀よ、伝統《でんとう》的な殺生の罪《つみ》を許したまえ」と言いつつ、ある程度減《へ》らさなければ、一晩《ひとばん》中眠《ねむ》ることができないような状態《じょうたい》だったのです。

ただ、現地の運転手やガイドの人などは、ホテル代が惜《お》しいらしく、車のなかで寝《ね》ていましたし、蚊がたくさんいるところを動いていたわけですが、「蚊に刺されて痛《いた》くないのですか」と訊《き》くと、「いや、刺されたら痛いよ」とは言っていました。いちおう、痛いことは痛いらしいのですが、慣《な》れているところはあったようです。

ちなみに、仏教にはお香《こう》というものがあります。そのようなものには、蚊よけの意味もあったことは明らかでしょう。やはり、仏陀は蚊に刺されるのがあまり好きでなかったことは明白です。そのため、蚊を殺したかったわけではないけれども、お香を嫌《いや》がって近寄《ちかよ》らないでほしいという気持ちはあったと思われます。

仏陀の時代は野外禅定《ぜんじょう》をしていたので、森や林のなかで行うと、やはり、蚊にブスブスと刺されました。そのようなこともあって、お香を焚《た》く習慣《しゅうかん》ができたわけです。

ただ、お香を焚きすぎると、やや酸欠《さんけつ》になるというか、喉《のど》を痛めたりすることもあるので、若干困《こま》るところはあります。それでも、蚊遣《かや》りを焚かないまま修行《しゅぎょう》をしていると、あちこち刺されてしまい、瞑想《めいそう》に支障《ししょう》が出ることもあったのでしょう。

ここは、ジャイナ教との違《ちが》いがはっきりしています。仏教でお香を焚いているということは、おそらく、「殺生をしてはいけないけれども、瞑想の邪魔《じゃま》をすることはもっと悪い罪だ」と思っていたに違いありません。このあたりに、この世との融合性《ゆうごう》があったのでしょう。

5　民族《みんぞく》や国家の枠《わく》を超《こ》えた信仰《しんこう》の道に入《はい》れ

力を尽《つ》くし、狭《せま》き門である「青銅《せいどう》の扉《とびら》」を押《お》し開けて入れ

以上《いじょう》、さまざまなことを述《の》べてきましたが、結局《けっきょく》、本章で私が述べたいことは、「力を尽《つ》くし、狭《せま》き門であるところの青銅《せいどう》の扉《とびら》を押《お》し開けて入《はい》れ」「勇気《ゆうき》を持って決断《けつだん》し、信仰《しんこう》の道に入りなさい」ということです。

ある意味での世俗《せぞく》からの攻撃《こうげき》や、この世的な価値観《かちかん》からの攻撃はあるでしょう。

この世的に上か下か、好《す》きか嫌《きら》いかといったことによる攻撃、あるいは、あなたが利益《りえき》を得《え》られるか損《そん》をするかというような利益誘導《ゆうどう》、仕事上の損得《そんとく》、家族間《かん》での駆《か》け引きなど、いろいろなものが入ってくると思います。

しかし、いったん「青銅の扉」のなかに入ったら、「信仰を護《まも》る」ということを堅《かた》く念《ねん》じなければいけないのです。

いろいろな宗教《しゅうきょう》が「神」というものを祀《まつ》ってきています。その神のなかには、もちろん、複数《ふくすう》性のある小文字の〝gods《ゴッズ》〟もいるわけですが、一神教を唱《とな》えている宗教では、「神（God《ゴッド》）は一人しかいない」と言っているところもあります。

それでも、やはり、その教えが民族《みんぞく》性や国民性、国の枠《わく》などに影響《えいきょう》を受けて、世界の人々にまでは及《およ》んでいないものも数多くあるでしょう。

しかし、「こうした部分をも超《こ》えて、世界の人々の心の糧《かて》となり、人々を生かせるような宗教でなければならない」という立場が、幸福の科学の考え方です。

幸福の科学における「神」というのは、そういう意味なのです。

世界には、さまざまな〝gods〟がいるでしょうし、日本にも、さまざまな「仏様《ほとけ》」や「神様」といわれるものが数多くいるかもしれませんが、それは、「神(God)までの間に、さまざまな役割《やくわり》を持った高級神霊《しんれい》が存在《そんざい》している」ということです。それぞれの宗派《しゅうは》性や特色《とくしょく》を持った信仰があることについては、「時代的にはありえることだ」という点で、幸福の科学も受け入れています。

ただ、最終形態《さいしゅうけいたい》としては、「雲の上に突《つ》き出た太陽のような信仰を持たなければいけない」と考えています。この地上に生きとし生けるものすべてを育《はぐく》み、愛《あい》し、導《みちび》こうとしている「God」への信仰を持たなければならないのです。

その意味で、幸福の科学における信仰というのは、(地球系霊団《けいれいだん》の)至高神《しこうしん》であるところのエル・カンターレ、ただ一人です。「主《しゅ》」とは「主人」という意味ですが、「マスター」という意味での師匠《ししょう》は世の中にたくさん存在することでしょう。しかし、「信仰における最終的なマスターである『グランド・マスター』、あるいは、『主』としての神は、エル・カンターレただ一人である」ということを、心に銘記《めいき》しておいてください。

この意味において、「エル・カンターレ信仰」というのは、人類史上《じんるいしじょう》、初《はじ》めて明らかになった信仰であるわけです。幸福の科学は、まだ立宗《りっしゅう》から三十年余《あま》りの歴史《れきし》しか持ってはいませんが、その三十年余りの歴史のなかで、地球全体を包《つつ》み込《こ》む教えを立てようとしているのです。

「最後《さいご》は、すべてを捨《す》ててでも信仰《しんこう》を取る」という境地《きょうち》へ

こうした信仰《しんこう》空間のなかで信仰を護り続《つづ》けるということは、この世的な打算や利害《りがい》といった目で見ると、被害《ひがい》を受けたり損をしたりするように見えたり、「バカなことをしますね」と言われたりすることもあり、そういうものを数十年の人

生のなかで数多く受けるのは当然《とうぜん》のことだと考えてはいます。しかし、そのなかを、信仰でもって自《みずか》らを護りつつ、力強く生き抜《ぬ》いていってほしいのです。

今は、「いろいろな信仰でもいいですよ」と言ってはいますし、実際《じっさい》にそういう気持ちもあります。ただ、それが偏《かたよ》っていて、すべての人たちを幸せにするところまで行っていない信仰であるならば、方便《ほうべん》の教えとしてあっても構《かま》わないとしても、「最後《さいご》は、それを突き抜けて、エル・カンターレ信仰のところにつながる」という気持ちを持ってください。

「補助神《ほじょしん》」として数多くの神々がいることは認《みと》めます。それを否定《ひてい》するつもりはありません。しかし、それが、「世界宗教」、あるいは「世界神」としての神への信仰を妨《さまた》げるものであるならば、やはり、そういうものを乗り越《こ》えてほしいと思います。

最後は、信仰を取ることです。

とりわけ、年齢《ねんれい》が上がっていき、人生の最後を迎《むか》えようとしている人は、特に、特に信仰を大事にしてください。

若《わか》いうちは、まだまだ、この世的に必要《ひつよう》なものも多いでしょうし、手放せないものもあるでしょう。葛藤《かっとう》や試練《しれん》は数多くあると思います。

しかし、だんだん年を取って、あの世が近づいてきます。年を取ってから信仰を捨《す》てるようなことがあったのでは、これは本当に、今まで努力《どりょく》して積《つ》み上げてきたものをすべて捨てることと、ほとんど同じなのです。

やはり、年を取れば取るほど、だんだん上に上がっていけばいくほど、「最後は信仰が残《のこ》ればよい」という気持ちでいてください。

奇跡《きせき》はたくさんあります。信仰の証明《しょうめい》としての奇跡は数多く起きます。ただ、最終的には、誰《だれ》一人この世にとどまることはできないのです。

「この世を去ったあとは、まったく何もない世界があるのか。自分も含《ふく》めて何もかもがなくなるのか」、あるいは、私たちが言っているように、「あの世の世界があって、数多くの生命《せいめい》は生き続け、そのなかで、秩序《ちつじょ》ある霊界《れいかい》の世界が展開《てんかい》しているのか」、そのどちらかになります。

ただ、私は、霊界にそういう秩序があることの証明をしています。

信じたら、ついてきてください。

そして、どうか、「青銅の扉」で信仰を護り続け、一生を貫《つらぬ》くものにしてください。

宗教をつまみ食いするような人もいます。あちこちでチョコチョコとつまんでは渡《わた》り歩く人が数多くいますが、それは、一つの職業《しょくぎょう》を貫いた人よりも、ある意味で、人間として節操《せっそう》がないように見えることもあるのではないでしょうか。

各人《かくじん》が神としての性質《せいしつ》の一部を持っていることは事実ではありますが、真実の信仰に辿《たど》り着いたのであるならば、「自分に利益があるときは信じ、利益がなくなったら信じない」というような、各人が神になったかのような判断《はんだん》ばかりをせず、どうか、「大いなるものに帰依《きえ》し、最後は、すべてを捨ててでも信仰を取る」という境地《きょうち》を目指すことを望《のぞ》みたいと思います。

信仰《しんこう》の実践《じっせん》で「鉄の柱」「青銅《せいどう》の扉《とびら》」となれる

信仰《しんこう》深く生きていると言いながら、
愛《あい》を与《あた》えることなくして生きているということはないのです。
なぜなら、
信仰とは、真実の神を念《おも》い続《つづ》ける心であり、
神を念うということは、
神の持っておられるものを己《おの》れ自身も持ちたいと、
必《かなら》ず思うようになるからです。

では、神がいちばん念っていることは、いったい何ですか。
それは、あなた方一人ひとりに対する愛ではないですか。
そもそも、あなた方を創《つく》り、
あなた方をこの地に満《み》たし、
あなた方に光と水と食糧《しょくりょう》を与え、
何度地獄《じごく》に堕《お》ちることがあったとしても、
それで命を消滅《しょうめつ》させることもなく、
連綿《れんめん》とその生命を長らえさせ続けている神は、
愛の塊《かたまり》でなくて、いったい何でしょうか。
それは、愛以外《いがい》のなにものでもないはずです。

信仰というものが、神へと向かう道であるならば、
その信仰が本物であればあるほど、
あなた方の愛は深まり、
あなた方の愛は本物となってゆくはずです。

本物の愛とは何か。
それは、まだ悟《さと》っていない人たちに対して、
あなた方が何をするかということではないのか。
その一歩を何とするか。
その一言《ひとこと》を何とするか。
それが愛ではないのか。

あなた方は、今日を境《さかい》として、
信仰心に目覚《めざ》めなければならない。
信仰心に目覚めたときに、
あなた方は真に強くなるであろう。
あなた方は鉄の柱となることができる。
信仰を知ることによって、実践《じっせん》することによって、
鉄の柱となることができる。
あなた方は、信仰を実践することによって、
青銅《せいどう》の扉《とびら》となることができる。
いかなるものも押《お》し破《やぶ》ることができないところの
青銅の扉と化すことが可能《かのう》であるのだ。

あなた方は、この信仰という二文字をもって
鉄の柱ともなり、青銅の扉ともなることができるのに、
なぜそのような、か弱い存在《そんざい》でい続けるか。
強くなれ。
勇気《ゆうき》を持て。
立ち上がれ。

明日を変える言葉④

第4章

The Opening of the Space Age

宇《う》宙《ちゅう》時代の幕《まく》開《あ》け

自由、民主《みんしゅ》、信仰《しんこう》を広げるミッションに生きる

1　宇宙人情報《うちゅうじんじょうほう》の最先端《さいせんたん》を行く幸福の科学

幸福の科学が数多く出している「宇宙人」や「ＵＦＯ」関連《かんれん》の本

幸福の科学は、今までに、●宇宙関連《うちゅうかんれん》の映画《えいが》をたくさん製作《せいさく》してきました。

もちろん、読者のみなさんのなかには、「宇宙」について関心のない人、「宇宙人」や「ＵＦＯ」等について関心のない人、信《しん》じていない人はいらっしゃると思います。しかし、本章については諦《あきら》めて、「少しは読んでみようかな」という気持ちになってくだされば幸いです。

民主主義《みんしゅしゅぎ》は、多様な言論《げんろん》、いろいろな表現《ひょうげん》の自由によって成《な》り立っています。

その意味で、私の法話《ほうわ》には、一見、政府見解《せいふけんかい》や「常識《じょうしき》」といったものに縛《しば》られな

●宇宙関連の映画　アニメ映画「太陽の法」、「UFO 学園の秘密」、「宇宙の法―黎明編《れいめいへん》―」（いずれも製作総指揮・大川隆法）等参照。

いものも数多く出てきますが、そういう自由を認《みと》めることによって、また、未来《みらい》に新しい選択肢《せんたくし》が生まれてくるものだと思っています。

ただ、私のほうとしても、そうした「宇宙の法」を説《と》くことは、たいへんリスクの多いことだと思っています。

私は、二〇一八年の御生誕祭《ごせいたんさい》で、本章のもととなる法話をするに当たって、一般《いっぱん》書店に並《なら》んでいる、●宇宙人やＵＦＯに関する私の著書《ちょしょ》もさらっと読み返してみたのですが、けっこうな量《りょう》が出ていて驚《おどろ》きました。

まさか、自分でもこれほど出しているとは思いませんでした。外に出していない、内部出版《しゅっぱん》で出しているものは、さらに、それ以上《いじょう》あります。「いつの間に、これほど出したのか」と思うほどです。私としては、「年に二、三回は宇宙に関する話もしているかな」というぐらいの気持ちでいたのですが、「これほど出ていたのか」と思って、少し驚いたのです。

●**宇宙人やＵＦＯに関する私の著書**　宇宙人や UFO に関する著書は、書店売り書籍、および幸福の科学の会内頒布経典をあわせて 50 書以上出している（2018 年 10 月時点）。

世界のＵＦＯ研究者も驚《おどろ》くような情報《じょうほう》を持っている

なお、それらの本の内容《ないよう》を見て、もし、それを信じることができるのであれば、「幸福の科学は、アメリカのＮＡＳＡ《ナサ》（米航空宇宙《こうくう》局）やハリウッド等が持っていない情報《じょうほう》まで持っている」ということになります。

ただ、その内容がどういうものであるかについては、本だけでは分かりかねるものもありましょうから、今後も、映画製作などによって、より多くの人々に分かっていただけるよう、努力《どりょく》を試《こころ》みていきたいと考えています。

日本では、「世界一」というものはそれほど多くはないのですが、「ＵＦＯ後進国」と言われていた日本も、今、幸福の科学が現《あらわ》れて、いつの間にか、意外なことに、「ＵＦＯ最《さい》先進国」になっています。

もちろん、まだ、当会の教えの内容をすべて海外用に翻訳《ほんやく》しているわけではありませんが、そのすべての情報を見れば、おそらくは、世界の研究者たちが驚《おどろ》くような内容が入っていると思います。当会の教えには、「この情報は取れるはずがない」と思われるものが、そうとう入っているのです。

「ＵＦＯ」「宇宙人《うちゅうじん》」関連《かんれん》の教えは三十数年の積《つ》み重ねの一部

これは、一種《いっしゅ》のチャレンジではあるでしょう。私は、二十四歳《さい》で大悟《たいご》し、三十歳で立宗《りっしゅう》しました。そして、私も、まだ若《わか》いものの、もうすぐ六十二歳（説法《せっぽう》時点）という声が聞こえており、一般社会では、事務系《じむけい》であれば、もうそろそろ引《いん》退《たい》し、管理職《かんりしょく》であれば、まだ「残《のこ》った、残った」でやっているぐらいの年齢《ねんれい》になりました。

幸福の科学は、私が三十歳ぐらいから始めて、いつも「若い、若い」と言われてきた宗教なのですが、三十数年やってきて、ようやく、私も還暦《かんれき》を越《こ》え、いろいろなことを言っても恥《は》ずかしくない年になってきたわけです。

マスコミ等のなかには、いろいろと、当会を批判《ひはん》したり揶揄《やゆ》したりする人もいます。しかし、昔は、そういった人たちも私と同じぐらいの年だったのですが、今では私のほうが年上になりました。そして、当時、私を追いかけていたライターやカメラマンあたりは、もう、みな社長年齢になっており、当時のことは、「社長、以前は、（取材《しゅざい》で）車の陰《かげ》に潜《ひそ》んでいましたね」というような懐《なつ》かしい話になっています。その意味では、やはり、当会には「三十年間、生き延《の》びた強さ」というものがあると思うのです。

そのようなわけで、本章の内容も、単《たん》に、「ＵＦＯについてとか、宇宙人《うちゅうじん》についてとかいった、奇妙奇天烈《きみょうきてれつ》というか、この世で信じられない非《ひ》学問的・非科学的な内容をたまたま述《の》べている」というわけではありません。

それは、三十数年間の活動の実績《じっせき》の積《つ》み重ねがあって、そのなかの一部として、私が探究《たんきゅう》し、結論《けつろん》として得《え》たものを、みなさんにお示《しめ》ししている内容なのです。

「あの世や魂《たましい》、神仏《しんぶつ》は信《しん》じられない」と答える日本人も一方では……もちろん、これを信《しん》じなくとも、幸福の科学では、ほかにも、「人生の真理」と思える教えは数多く説かれています。それらを勉強してみれば、従来《じゅうらい》の仏教徒《ぶっきょうと》であっても、キリスト教徒であっても、哲学者《てつがくしゃ》であっても、十分に理解できる内容が述べられているはずです。

ただ、特《とく》に日本人は、公式に、「あの世を信じますか」「信仰心《しんこうしん》はありますか」「宗教を信じていますか」などといった質問《しつもん》をぶつけられると、「二十パーセント、三十パーセントぐらいの人しか信じていない」というような結果《けっか》が出ます。この数字は、お隣《となり》の中国の数字とあまり変《か》わりません。

一方で、質問の形式を変えて、「あなたは、先祖供養《せんぞくよう》などをしたいと思いますか」「お盆《ぼん》や夏休み等に、故郷《ふるさと》に帰ってお墓参《はかまい》りをしたいと思いますか」、あるいは、「正月に、神社に参拝《さんぱい》したいと思いますか」「たまには、京都のお寺巡《めぐ》りをしたり、神社巡りをしたり、伊勢神宮《いせじんぐう》に行ってみたりしたい気持ちになることがありますか」「お守り等を神社で頂《いただ》いて持っていると、何かご利益《りやく》があるような気がしますか」といった訊《き》き方をすると、どうでしょうか。

そうした宗教的な気分を含《ふく》めた質問をすると、「日本人の六十パーセントから七十パーセントの人は、何らかの信仰心らしきものは持っている」という結果が出るのです。

おそらく、これは教育の結果でしょう。日本人というのは、「普段《ふだん》の生活のなかで、底流《ていりゅう》には宗教が流れていても、公式的には、教科書で習ったことのないものについては答えられない」という習性《しゅうせい》があるのだろうと思います。

そのように、「あの世の世界は信じられない」「人間の本質が魂《たましい》であることも信じられない」、そして、「神様・仏様《ほとけさま》は信じられない」という人は、日本には数多くいるわけです。

唯物論者《ゆいぶつろんしゃ》であっても「UFO」や「宇宙人《うちゅうじん》」は信《しん》じられる理由

そして、日本において、もう一つ、「信《しん》じられない」と言っている人が多いのが、「UFO」や「宇宙人《うちゅうじん》」といったジャンルです。

ただ、これは、「あの世」や「霊《れい》」「神仏」と必《かなら》ずしも同じ傾向性《けいこう》を示すものではありません。UFOや宇宙人に関《かん》しては、この世的に唯物論者《ゆいぶつろんしゃ》といわれる人でも信じている人はいるので、そのあたりは違《ちが》うのです。

確《たし》かに、「あの世や霊などを信じる人は、UFO等もほぼ信じやすい」という傾向があることは事実です。しかし、「霊は信じられないけれども、UFOはありえる」「宇宙人はありえる」という人もいるわけです。

それは、そうでしょう。宇宙には、この地球が存在《そんざい》する「天《あま》の川銀河《がわぎんが》」以外に、何兆個《ちょうこ》もの銀河が数多く展開《てんかい》しています。その意味で、「地球と同じようなコンディション、環境《かんきょう》を持っている星が一つもない」と信じるほうが、無理《むり》と言えば無理だと思うのです。やはり、「地球のような環境の星が、おそらくは、それぞれの銀河に幾《いく》つかはあるだろう」というように考えられると思います。

そうであるならば、「地球人同様の高度の知性を持った存在も、また、はるかなる宇宙には住んでいるかもしれない」と考える人はいるはずです。

年末《ねんまつ》などには、テレビでよく、「ＵＦＯものの事実を認めるか認めないか」という論争《ろんそう》をやっていますが、某《ぼう》有名大学の某有名名誉《めいよ》教授《きょうじゅ》のように、「私は霊とか、そういったものは信じないけれども、『宇宙人がいない』とは一度も言ったことはない」と言っているような人もいます。したがって、「それは、ありえることだ」と考えてよいのではないでしょうか。

「ＵＦＯ」「宇宙人《うちゅうじん》」情報《じょうほう》でＮＡＳＡ《ナサ》がつかんでいること

ただ、幸福の科学で述べていることは、それより、もっともっと進んだレベルのことなのです。

今のハリウッドやＮＡＳＡ《ナサ》でつかんでいる情報《じょうほう》としては、例《たと》えば、ＮＡＳＡでは、アポロ計画で月に何度も行って、「月の裏側《うらがわ》、〝ザ・ダークサイド・オブ・ザ・ムーン〟に人工物、建造物《けんぞう》がある」ということはすでに発見していますし、その映像《えいぞう》のなかには、宇宙《うちゅう》にＵＦＯらしきものが飛《と》んでいるところまで、わざと入れてあるものもあります。

そういう意味では、「かすかに知れ」ということかと思いますが、そのあたりは分かっているわけです。

また、「アメリカ政府はいつ発表するのか」と、いつも、大統領《だいとうりょう》が替《か》わるたび

●月の裏側……　2013年３月12日収録「ダークサイド・ムーンの遠隔透視《えんかくとうし》」。『ダークサイド・ムーンの遠隔透視』（幸福の科学出版刊）参照。

に期待されてきたことなのですが、「アメリカには、『エリア51』という秘密空軍《ひみつくうぐん》基地《きち》、宇宙人関連《かんれん》の基地があるらしい」ということも分かっています。

さらに、アメリカには、北朝鮮《きたちょうせん》によってではなく、エイリアン（異星人《いせいじん》）によってアブダクション（誘拐《ゆうかい》）された人を追跡《ついせき》している機関《きかん》もあります。それをユーモラスに描《えが》いたものとしては、「メン・イン・ブラック」（一九九七年公開のアメリカ映画、シリーズ三作目まで公開されている）のような作品があり、そうした映画を観《み》た人もいると思いますが、政府機関がかかわって調べてはいます。

そのように、「エイリアンによるアブダクションがなされているらしい」ということについては、その疑《うたが》いがある人に、医者が退行催眠《さいみん》をかけて、過去《かこ》の記憶《きおく》を思い出させてみると、同じような現象《げんしょう》が何度も何度も出てくることが分かっています。

また、エイリアンによって、鼻の奥《おく》のほうに、チップといわれる金属片《きんぞくへん》が埋《う》め

●『エリア51』という……　2011年8月4日収録「ネバダ州米軍基地エリア51の遠隔透視に挑戦する―果たして宇宙人は地球に実在するか―」。『ネバダ州米軍基地「エリア51」の遠隔透視』（幸福の科学出版刊）参照。

込《こ》まれているケースも数多く出てきています。そのように、物証《ぶっしょう》としては、すでに出ているわけです。

さらには、エイリアンが乗っているだろうと思われるUFO映像も、現在、各《かく》自《じ》がカメラやスマホなど、いろいろなもので捉《とら》えることが可能《かのう》になっているので、その量はそうとう多くなってきました。

注目されたのは一九四七年の「ロズウェル事件《じけん》」ですが、この事件以降《いこう》、UFOが多発していることが知られており、そうした撮影《さつえい》技《ぎ》術《じゅつ》が一般人の手に渡《わた》ったことによって、UFOの発見比率《ひりつ》は極《きわ》めて高くなっているのです。

2　地球には五百種類以上《しゅるいいじょう》の宇宙人《うちゅうじん》が来ている

一説《いっせつ》では、アメリカには数百万人から一千万人を超《こ》えるアブダクション経験者《けいけんしゃ》がいる

実は、日本も、数多くのUFOが出ている「UFO多発地域《ちいき》」ではありますが、UFO後進国であったために、それが伝《つた》えられないでいたのです。

ところが、最近《さいきん》では、その数も徐々《じょじょ》に増《ふ》えてきました。特《とく》に、映画《えいが》「UFO学園の秘密《ひみつ》」（製作総指揮《せいさくそうしき》・大川隆法／二〇一五年公開）が上映されてからあとは、こうしたことについて、テレビ等でも特集されることが多くなってきているように思います。

ただ、実際《じっさい》に多くの人たちがＵＦＯなどを見てはいても、まだ、「それを引っ張《ぱ》ってきて、目の前でお見せするようなかたちにはならない」という状況《じょうきょう》にあるわけです。

こうしたなかで、幸福の科学は、どこまで突《つ》き止めているのでしょうか。

今、アメリカでは、エイリアンによる拉致《らち》、すなわちアブダクションについて、「その間の記憶《きおく》が失《うしな》われていて、本人は忘《わす》れているけれども、睡眠障害《すいみんしょうがい》が起きたり、記憶の障害があったり、ときどき体の変調《へんちょう》が現《あらわ》れたりするので、調べてみると、宇宙人《うちゅうじん》に拉致された経験《けいけん》があるらしいことが分かる」といったケースが数多く出てきています。

これに関《かん》して、一説《いっせつ》には、「アメリカにおいては、数百万から一千万を超《こ》える人がアブダクション経験者である」ともされています。この数字はあまりにも大きいので、にわかに信《しん》じることはできませんが、そうとうの数の人が経験しているのは事実かと思われます。また、日本でも「そうした人が出てきた」と、最近よく言われています。

こうしたことは、現在《げんざい》ただいまに起きていることであって、ある程度《ていど》、理解《りかい》できるでしょう。世界各地《かくち》で起きていて、例《たと》えば、「UFOが撮影《さつえい》されている」「UFOが着陸《ちゃくりく》した跡《あと》があった」「アブダクションされて、何らかの実験をされたかもしれない人がいる」といったことは共通《きょうつう》して言われています。

これに関して、幸福の科学が明かしているのは、「今に始まったことではない」ということです。

遠い昔には、「地球での生命《せいめい》の創造《そうぞう》」もなされました。そのなかで、地球人としてふさわしい生命の創造、すなわち、「地球人の創造」もなされたことが、私の著書《ちょしょ》にも書かれていますし、映像《えいぞう》にも表れています。要《よう》するに、みなさんの先《せん》輩《ぱい》として創《つく》られた存在《そんざい》があったわけです。

しかしながら、「それがすべてではない」「他の銀河《ぎんが》から、あるいは、他の惑星《わくせい》から地球に呼《よ》び寄《よ》せた人たちが数多くいた」ということも同時に語っています。この年数はかなり大きく、数億《おく》年前まで遡《さかのぼ》って書いてあるので、ややスケールが大きすぎるのは事実です。

ただ、結論《けつろん》的には、「地球に恐竜《きょうりゅう》が徘徊《はいかい》していたころ、人類《じんるい》はすでに存在していた」「地球で創られた人類もいたが、宇宙から来た者で、地球で生命が維持《いじ》できるように条件《じょうけん》を改善《かいぜん》させて住んだ方々もいた」ということを述《の》べています。

映画《えいが》「宇宙《うちゅう》の法《ほう》―黎明編《れいめいへん》―」で描《えが》かれている宇宙人情報《じょうほう》と創造主《そうぞうしゅ》

こうした内容《ないよう》について詳《くわ》しく描《えが》かれている、二〇一八年十月公開の映画《えいが》「宇宙《うちゅう》の法《ほう》―黎明編《れいめいへん》―」（製作総指揮・大川隆法）は観《み》るに値《あたい》する映画と言えるでしょう。アメリカのハリウッドのアカデミー賞《しょう》アニメ部門の賞を取ってもおかしくない作品であると考えています。

「宗教《しゅうきょう》が、ちょっと生意気《なまいき》ではないか」と言う人もいるかもしれません。しかし、すでに、映画「神秘《しんぴ》の法」（製作総指揮・大川隆法／二〇一二年公開。第四十六回ヒューストン国際映画祭でスペシャル・ジュリー・アワードを受賞）と、前作である映画「UFO学園の秘密」の二つは、アメリカのアカデミー賞のアニメ部門の選考対象《せんこうたいしょう》作品として選《えら》ばれているものです。惜《お》しくも入選しませんでしたが。

今回の作品は、スケールにおいて、ハリウッドでも絶対《ぜったい》につくれない、ましてや、ボリウッドでも、ナリウッドでも、香港《ホンコン》映画でもつくれないものです。

日本から、アメリカ発よりもはるかに詳しい宇宙人情報《じょうほう》が出ていることを知っていただきたいのです。スピルバーグであっても、これを観たら引っ繰《く》り返るでしょう。彼でも絶対につくれない内容だからです。

●ボリウッド　インドの娯楽《ごらく》映画製作の中心地であるムンバイ（旧ボンベイ）、あるいは、ムンバイの映画産業全般の俗称《ぞくしょう》。アメリカ映画産業の中心地である「ハリウッド」をもじったもの。

さらに、私は、この内容のなかに、「創造主《そうぞうしゅ》とは何か」という念《おも》いも込《こ》めて描きました。今まで地球で思われていた「創造主」とは違《ちが》った創造主が出ています。地球における人類の創造に関係しているのはもちろんのこと、「実は、その創造主は、地球以外《いがい》の星における代表的な宇宙人たちをも創造していた」ということにまで踏《ふ》み込んでいるのです。

現代の科学で理解されているものとして、宇宙人と地球人の接近遭遇《せっきんそうぐう》といったことが言われています。しかし、宇宙人は今、来たわけではありません。地球人の先祖《せんぞ》のうちの一部には、はるかなる昔に、地球に呼ばれ、地球に帰化して住んだ宇宙人も入っています。彼らは、「それが、どのように変《か》わってきたか」を、今もずっと追跡《ついせき》しているわけです。

主だったものとしては、二十種類《しゅるい》ぐらいの宇宙人が来ています。私は、「宇宙人は、どのくらいの種類がいるのか」ということについて、いろいろなかたちで

●ナリウッド　西アフリカに位置するナイジェリアの映画産業全般の俗称。ナイジェリアでの年間の映画製作数は、インドに次ぐ世界第２位となっている。

ずっとリーディングを重ねてきました。すると、自分でも驚《おどろ》いたのですが、地球に来ている宇宙人は五百種類を超えているのです。

ここに、「NASA《ナサ》が絶対に届《とど》かない」と言っている理由があります。「五百種類以上の宇宙人を出せるものなら出してみなさい」というところですが、それは無理《むり》でしょう。

その五百種類以上の宇宙人のなかで、特に支配《しはい》的に、二十種類ぐらいのものが数多く地球に来ているので、このあたりの研究を進めています。

地球の民族《みんぞく》や宗教《しゅうきょう》が違《ちが》っている本当の理由、そのルーツとは

そうした宇宙人のなかには、今の地球人の考え方や性格《せいかく》、生き方が、一部、伝わっているものがあります。すべてではありませんが、彼らは、地球人の肉体先祖のなかに宿《やど》れる魂《たましい》として入ったことがあるものです。そして、地球に適応《てきおう》し

ながら生きてきました。

こうしたことが、部族や宗教《しゅうきょう》がいろいろと違《ちが》っている理由ではあるのですが、それを、ここ数千年の歴史《れきし》だけで説明することにはやや無理があると、私は思っています。

「進化論」を説《と》いたチャールズ・ダーウィンは、まるで「唯物論《ゆいぶつろん》の始祖《しそ》」のような言われ方をしていますが、ダーウィン自身は、神様を信じていた人ではあり、もともと「人類は、紀元《きげん》前四千年余《あま》り前に、神が創造したものだ」としています。要するに、彼の考えている人類の歴史は「六千年ちょっとぐらい」ということです。エジプトのピラミッドが、だいたいその程度の古さではないかとも言われています。

あるいは、同じぐらいの長さを持っているものとして、エジプト以外にも、例えば、イラクやイランのほうにあるメソポタミア地方での文明も、やはり六千年あたりまでは遡るだろうとは言われています。また、中国の文明も、古く言えば、そのくらいまではあるかもしれません。

さらに、最近、出ている霊言集《れいげんしゅう》で、幾人《いくにん》かの霊人《れいじん》たちが、「日本の文明も、二千年、三千年ではなく、もっと古いルーツがある」と述べているのです。その理由として、「今の日本人の先祖は、南太平洋にかつて浮《う》かんでいた『ムー大陸』から来ているからだ」としています。このムーの存在まで認《みと》めると、人類の歴史は、一万数千年前まで遡ることになるわけです。

「これ以上遡るのは、もう無理だ」と言う人もいるだろうとは思いますが、ただ、現代の科学においても、「おそらく、約《やく》二百万年前には、人類の先祖は誕生《たんじょう》していたのではないか」と言われてはいます。

しかし、私は、それよりももっと古い歴史を語っているのです。そこでは、みなさんの考え方や、人種や民族《みんぞく》、宗教、哲学《てつがく》の違いのなかに、いろいろな星の文

●今の日本人の先祖は……　『大日孁貴《おおひるめのむち》の霊言』『公開霊言　超古代文明ムーの大王　ラ・ムーの本心』（共に幸福の科学出版刊）等参照。

化遺伝子《いでんし》が入ってきていることまで突き止めています。これが、幸福の科学の他にない部分であると考えています。

そのように、地球人は、いろいろな星の影響《えいきょう》を受けて出来上がっているわけですが、本章のもととなった法話《ほうわ》をするに当たっても、いろいろな星の出身の人たちから、「ぜひ、わが星を、いちばん影響がある星だというように言ってほしい」といった依頼《いらい》もあり、なかなか落ち着かない講演会《こうえんかい》になりました。もし、私がその場で順位《じゅんい》づけをしたら、〝身分制社会《みぶんせいしゃかい》〟が出来上がる可能《かのう》性があるので、そのあたりは、いつもとはやや違う感じを受けています。

ただ、そういうことは、私は基本《きほん》的にはしません。いろいろなものを多様に受け入れていこうと思っています。そこまで考えることができれば、地球上で生きている人類の、民族の違いや肌《はだ》の色の違い、言語の違い、宗教の違いなどのルーツまで分かってくるので、みなさんが、もう一段《いちだん》、寛容《かんよう》になり、地球人として生きていくことの意味を見いだすことができるでしょう。

3　宇宙人《うちゅうじん》が地球に来る目的《もくてき》とは

宇宙人が地球に学びに来ている「愛《あい》の概念《がいねん》」「自己犠牲《じこぎせい》の精神《せいしん》」

そのように、何千万年、何億《おく》年の昔から、宇宙人《うちゅうじん》が円盤《えんばん》に乗って地球に来ていたとしたならば、彼らの技術《ぎじゅつ》は、今の地球の科学文明より進んでいたはずです。そのため、「そんな昔に地球に来ているのに、今はこんなレベルなのか」と言う人もいるとは思います。それは、おっしゃるとおりです。

確《たし》かに、この地上に降《お》りたときには、神に近い存在《そんざい》のように思われた人たちもいました。ただ、地球に住んでいる間に退化《たいか》していった種族《しゅぞく》も数多くいるのです。

環境《かんきょう》が違《ちが》えば、それをもう一度再現《さいげん》するのは、そう簡単《かんたん》なことではありません。

例《たと》えば、私自身、便利《べんり》な道具をすべて奪《うば》われて、南海の孤島《ことう》に一人で島流しに遭《あ》ったら、家を建《た》てるのでさえ大変《たいへん》だろうと思います。釘《くぎ》一本ありませんし、大《だい》工《く》に教わっていなかったために、どうすれば柱を建てられて、屋根を葺《ふ》けるのかが分からず、家を建てることもできないようなことが、当然《とうぜん》、起きてくるわけです。

つまり、現代にある文明のほとんどは、例えば、突然《とつぜん》の天変地異《てんぺんちい》や災害《さいがい》などが起きて、人類《じんるい》が特定《とくてい》の場所に追いやられるようなことがあった場合には、それらを継続《けいぞく》できなくなることが数多くあるということです。そのことを知っておいてほしいと思います。そのような経験《けいけん》が、過去《かこ》、何度も何度も何度も、繰《く》り返されてきているわけです。

しかし、文明のレベルが下がるかもしれないにもかかわらず、なぜ、宇宙の人たちは地球に来ているのかというと、それは、地球には、まだ学ぶべきものがあるからです。

それは何でしょうか。

宇宙標準《ひょうじゅん》で見ると、地球の科学文明の技術は最先端《さいせんたん》とは言えず、どちらかといえば、他の星から地球まで来られる人たちの平均《へいきん》から見れば、確実《かくじつ》に劣《おと》っていると思われます。地球でも、実際《じっさい》にロケットが宇宙を飛《と》び始めているので、いずれ追いつくとは思いますけれども、まだしばらくは追いつけないレベルにあります。したがって、地球の文明は、理科系《けい》においては宇宙の標準以下《いか》ということが言えるでしょう。

しかしながら、文科系、あるいは芸術系《げいじゅつ》においては、地球の文明は、宇宙の標準よりもはるかに高いレベルを持っています。そして、ここが今、彼らが勉強しなければならない部分なのです。科学技術的なところでは、若干《じゃっかん》、劣ってはいても、文科系的なものの考え方のところで、地球は非常《ひじょう》に進んでいます。こうしたところや、あるいは文学的なところが、宇宙人たちには分からないわけです。

宇宙人たちの感情《かんじょう》を透視《とうし》してみると、地球人の持っている「愛《あい》の概念《がいねん》」のなかに、理解《りかい》できないものがあります。「愛の概念」といっても、「男女が子孫《しそん》を遺《のこ》すための愛」「子孫維持《いじ》のための愛」というものは理解できるけれども、それを超《こ》えた愛という概念が理解できない人が大勢《おおぜい》いるのです。そういう人たちは、地球で修行《しゅぎょう》する意味があるわけです。

例えば、「自分を護《まも》る」というのは、人間として当たり前の感情です。自己保《じこほ》存欲《ぞんよく》というのは当たり前の感情であり、動物にはみな備《そな》わっています。そして、それは宇宙においても同じですが、「強い者が弱い者を滅《ほろ》ぼす」ということも、当たり前の、自然のままの法則《ほうそく》なのです。

ところが、この地上においては、種族の保存という意味における「男女の愛」

以外に、「隣人愛《りんじんあい》」や「世界愛」「民族愛《みんぞくあい》」といったものが存在します。こうしたものが宇宙人たちには理解できないので、彼らは勉強したいと思い、今、何とか学ぼうとしているわけです。

そして、「自己犠牲《ぎせい》」などという精神《せいしん》が、なぜ、高度な知性《ちせい》を持った存在に宿《やど》ることができるのかについても知りたいと思っています。

頭がよかったり、強かったりすれば、弱い者を滅ぼせます。それなのに、なぜ、滅ぼそうとはせずに、自己犠牲を払《はら》ってでも、愛の行為《こうい》を示《しめ》すのか、慈悲《じひ》の行為を示すのか、平和を求《もと》めるのか。それが、なぜなのかが分からないから、勉強したいと考えているのです。

宇宙人《うちゅうじん》が地球人と一定の距離《きょり》を保《たも》っている理由

それから、エイリアンものの映画《えいが》などでも、よくテーマとなっているので、知っている人もいるとは思いますけれども、「宇宙《うちゅう》からの侵略《しんりゃく》」というものがあります。もちろん、それに対して恐怖《きょうふ》することも分からなくはありません。科学的には、彼らは百年から一千年程度《ていど》は進んでいる可能《かのう》性のある人たちなので、科学技術文明の落差《らくさ》から見れば、地球人を征服《せいふく》しようとすれば簡単にできるはずなのです。

ところが、地球に数多く飛来《ひらい》し、写真や動画にたくさん撮《と》られているにもかかわらず、一定の距離《きょり》を保《たも》って、降りてもこなければ、人類に見つかったときには、すぐに消えて逃《に》げていきます。この理由が分からないという人もいるでしょう。

ＵＦＯが撮影《さつえい》される高度は、だいたい、地上八百メートルから千八百メートルの間ぐらいが多く、このあたりのゾーンを飛んでいると思われます。それは、自《じ》衛隊《えいたい》や空軍《くうぐん》などがスクランブルをかけても、彼らが追いつくまでに飛び去ることのできる位置《いち》が、このあたりだからです。もっと低《ひく》いところまで降りてきていると、追いつかれる場合がありますが、このレベルの高度であれば、そういうことがありません。また、「形がはっきりと目に見えるほどまでは近寄《ちかよ》ってこない」というルールを守っているようにも見えます。

なぜ、そうするのでしょうか。

一つには、先ほども述《の》べたように、彼らも人類史《し》にかかわっているので、「自分たちの星から地球人として生まれ、今、地球で生きている人たちがどうなっているか」というライフリーディングをずっと撮っており、それを記録《きろく》しているということがあります。

ただ、宇宙レベルでは、それぞれの星に、「その星の進化に介入《かいにゅう》してもよいレベル」というものが一定の理由でつけられているので、それに入ることができない場合は、地球人の文明に特別《とくべつ》に関与《かんよ》しないことになっているのです。

宇宙人《うちゅうじん》が地球に関与《かんよ》できる条件《じょうけん》
――古代インド叙事詩《じょじし》『マハーバーラタ』より

では、どのようなときに関与《かんよ》できるかというと、文明の存亡《そんぼう》にかかわるような大きな危機《きき》のときには、ある程度、関与してもよいことになっています。もちろん、その際には、多少の相談は必要《ひつよう》です。

例えば、核戦争《かくせんそう》などで、人類が死滅《しめつ》する可能性があるような段階《だんかい》には、UFOが多発します。もし、本当に北朝鮮《きたちょうせん》で核戦争が起きていたら、UFOが大量《たいりょう》に現《あらわ》れてきていたはずです。今は、事前に抑止《よくし》することが可能になりつつあるので、それほど出る必要はないのでしょう。

古代インドの叙事詩《じょじし》『マハーバーラタ』を読めば、明らかにUFOと思われるものから見下ろした地球の姿《すがた》が書かれています。そこには、核戦争によって、古代インドのある種の部族が滅びたことが描《えが》かれているのです。

これは、空中から見なければ絶対《ぜったい》に分からないシーンだと思います。核戦争は古代にもあったのです。

また、アメリカ大陸《たいりく》は、ここ二、三百年ぐらいで発展《はってん》したようにも見えますが、あれほど大きな大陸に人類が住んでいなかったということはありえないでしょう。古代にも人類は住んでいたはずです。

実は、アメリカ大陸には、古代には赤色《せきしょく》人種といわれる種族が住んでいました。ところが、一種の核戦争のようなものが起きて、彼らは滅びたのです。それが起きた地域《ちいき》を中心に、今は砂漠地帯《さばくちたい》が広がっています。

このように、文明の興亡《こうぼう》のときには、数多くの星からいろいろな宇宙人《うちゅうじん》たちが地球に降りてくることを許《ゆる》されていて、一定の限度《げんど》で干渉《かんしょう》することができるのです。

●古代には……　『アトランティス文明の真相―大導師トス アガシャー大王公開霊言―』(幸福の科学出版刊)参照。

宇宙人《うちゅうじん》が「人類《じんるい》が地球を滅《ほろ》ぼさないか」と心配している理由

もう一つ、地球の人たちが忘《わす》れてはならないことがあります。

映画では、「宇宙《うちゅう》からの侵略」と称《しょう》して、宇宙人が地球人を滅《ほろ》ぼすようなことばかりを描き、それにどう対抗《たいこう》するかといったことを考えている作品が多くあります。

しかし、現実は、「人類《じんるい》が滅びるかどうか」だけがテーマではありません。宇宙から見ると、「人類が地球を滅ぼさないかどうか」ということが大きなテーマなのです。

宇宙人たちは、「地球が滅ぼされたら困《こま》る」という考えを持っています。なぜなら、この地球という星は、彼らにとって「チャンスの場」であるからです。

先ほども述べたように、地球には五百種類以上の宇宙人が来ています。要するに、地球という星は、宇宙のいろいろな文明から来た人たちが、新たな文明実験として人間様《よう》の人体に宿って文化をつくり、生活をして魂《たましい》を鍛《きた》え直し、つくり直す、そのようなチャンスの場であるということです。

地球は宇宙的に存在する意味があるため、彼らは、人類が地球を滅ぼすことがないように非常な注意を持って見守っています。文明そのものを簡単に変《か》えないようにはしていますが、人類が地球を滅ぼそうとするならば、介入してくる可能性もあるということです。

そういう意味では、「宗教上《しゅうきょうじょう》の奇跡《きせき》」と「宇宙からの介入による奇跡」とが同時に起きていて、どちらなのかが分からないようなことは数多くあります。

地球に大きな影響《えいきょう》を与《あた》えているベガ・プレアデス・レプタリアン

ただ、地球人の側《がわ》から言えば、寝《ね》ている間に、魔法《まほう》のように催眠《さいみん》をかけて記憶《きおく》を失《うしな》わせ、一方的に連《つ》れ去って、宇宙船のなかでいろいろな実験をしたり、宇宙人と地球人のハイブリッド、いわゆる合いの子のようなものをつくったりしているというのは、許しがたいことだと思うかもしれません。

しかし、これは過去の文明で幾度《いくど》も起きたことであり、地球人ができてくる過程で現れてきたことなのです。そのように、今も宇宙人によるアブダクションによって、睡眠障害《すいみんしょうがい》や記憶障害が起きることもあるでしょう。

また、宇宙人のほうは、想念の力で地球人にいろいろな映像《えいぞう》を見せて、まるでそれが存在するかのように、そういうことがあったかのように感じさせる能力を持っています。そのように「幻覚《げんかく》を起こさせる力」を持っているのです。

それがいちばん強力に出るのは、私たちがベガ●と呼《よ》んでいる星から来ている人たちです。本当の姿形《すがたかたち》が見えず、地球人の心のなかに住んでいる姿、頭のなかで思い描ける姿を取って現れます。その人が知っているような人の姿を取って現れ

●ベガ　琴座《ことざ》にある一等星。ベガ星系に住む宇宙人は、相手に合わせて外見を自由に変えることができ、性別は男性、女性、中性が存在する。「高度な科学技術」と「ヒーリングパワー」を持つ。『ザ・コンタクト』（幸福の科学出版刊）等参照。

るということを数多くするのですが、ほかの宇宙人も、多少はそういう能力を持っています。

地球に大きな影響《えいきょう》を与《あた》えているのは、ベガとプレアデスです。それから、地球に戦争が多かったり、民族間の争《あらそ》いごとが絶《た》えなかったりする理由の一つには、レプタリアンといわれる宇宙人の影響があります。

レプタリアンというのは英語《えいご》で「爬虫《はちゅう》類」という意味ですが、地球のなかには、そうした獰猛《どうもう》種族が三割《わり》程度入ってきているのです。

彼らは地球の進化のために導入《どうにゅう》した宇宙人です。競争《きょうそう》をしたり命《いのち》懸《が》けで戦《たたか》ったりしなければ進化しないことがあるので彼らを入れたものの、地球人に馴染《なじ》ませていくのは大変な努力《どりょく》が必要だったということが、地球の歴史《れきし》のなかでは言われています。

このことは、映画「宇宙の法―黎明編《れいめいへん》―」のなかで描かれているので、そち

●プレアデス　「昴《すばる》」とも呼ばれる、牡牛《おうし》座にある散開星団《さんかいせいだん》。プレアデス星団には、「美」と「愛」と「調和」を重んじ、欧米人に近い体格を持つ人類型宇宙人が住んでいる。「魔法」や「ヒーリングパワー」が使える。『ザ・コンタクト』（前掲）等参照。

らも観《み》てください。

「そうした難《むずか》しい人たちを、どのようにしてまとめ、一つにしていくか」ということが、エル・カンターレの使命の一つであったわけです。

4　新しい宇宙《うちゅう》時代を拓《ひら》き、希望《きぼう》の未来《みらい》へ

エル・カンターレの能力《のうりょく》は世界に一つ

幸福の科学では、エル・カンターレについて「造物主《ぞうぶつしゅ》」や「創造主《そうぞうしゅ》」というような言い方もしていますけれども、今までの宗教《しゅうきょう》の考え方とは多少違《ちが》ったものがあります。

エイリアンたちは、人間に幻視《げんし》させ、幻《まぼろし》を見せたりする能力《のうりょく》、あるいは、記《き》

●レプタリアン　爬虫類《はちゅうるい》的性質を持つ宇宙人の総称。「力」や「強さ」を重視し、一般に攻撃《こうげき》性、侵略《しんりゃく》性が強い。外見は、爬虫類型のほか、肉食獣《にくしょくじゅう》型や水棲人《すいせいじん》型、人間に近い姿の種族も存在するという。地球に移住し、「進化」を担《にな》う使命を持った「信仰レプタリアン」も存在する。『ザ・コンタクト』（前掲）等参照。

憶《おく》を失《うしな》わせたりする能力、ほかにも、地球人が持っていないような特殊《とくしゅ》な能力を持っています。ただ、残念《ざんねん》ながらというか、幸いと言うべきか、私が地上にいるかぎり、宇宙人《うちゅうじん》が持っている能力は、エル・カンターレの能力を超《こ》えることができません。私のほうが強いのです。

私は、ある意味で地球を護《まも》っているのです。「宇宙人の誰《だれ》が何をやったか」ということは私のほうでつかめるので、宇宙人であっても、一定の限度《げんど》を超えてルールを破《やぶ》った場合には、しっかりと捕捉《ほそく》し、それについて糾弾《きゅうだん》することは可能《かのう》です。

そのため、私が生きている間は、地球が宇宙人に支配《しはい》されることはありません。ただ、そのあとは、人類《じんるい》が努力《どりょく》しなければ、どうなるかは分かりません。

私の持っている能力は、世界に一つだけの能力です。銀河系《ぎんがけい》の彼方《かなた》の、はるかなる外宇宙の銀河のなかまで透視《とうし》することもできますし、光の速度をはるかに超えた速度でいろいろなものを視《み》ることも、何億《おく》年、何十億年以上《いじょう》も遡《さかのぼ》って過去《かこ》を視ることも、あるいは未来《みらい》を視ることもできるのです。私は、そうした自由自《じゆうじ》在《ざい》に宇宙空間と時空間のなかを探索《たんさく》できる能力を持っています。

したがって、エル・カンターレを知っているかぎり、そして、エル・カンターレを信《しん》じているかぎり、あなたがたの文明が簡単《かんたん》に滅《ほろ》ぼされることはありません。

ただ、地球において、許《ゆる》しがたい残虐《ざんぎゃく》な行動や行為《こうい》が積《つ》み重ねられている場合には、彼らは介入《かいにゅう》することが可能になっているので、そのような残虐な行いをやめさせることが大事です。

世界各地《かくち》に「自由」「民主《みんしゅ》」「信仰《しんこう》」を広げよ

私たちが発信すべき、この世的なルールとしては、「自由」「民主《みんしゅ》」「信仰《しんこう》」という言葉です。これらを世界各地《かくち》に広げることです。

大きな国であっても、「自由」「民主」「信仰」の三つが入っていない国家があるはずです。そういうところは、独裁主義《どくさいしゅぎ》の専制《せんせい》国家になっており、たいていの場合、覇権《はけん》主義を求《もと》めているでしょう。

ですから、この世の政治《せいじ》・経済《けいざい》的な意味においては、「自由」「民主」「信仰」の三つを浸透《しんとう》させるべく、地上的な活動を続《つづ》けていくことが大事です。

また、地球の歴史《れきし》と成《な》り立ちを知った上で、もう一段《いちだん》、宇宙的なレベルから見るならば、「今、私たちが問題にしているような専制独裁国家、全体主義国家のなかには、幸福の科学の宇宙人分析《ぶんせき》に出ているレプタリアン的な性質《せいしつ》がそうとう強く出てきている。私たちは、これを変《か》えようとしているのだ」ということを知ってください。

レプタリアンは「進化の神」でもありますが、同時に、弱肉強食でもあり、「弱い者は滅ぼしても構《かま》わない」「科学技術《ぎじゅつ》が進んでいる者は、劣《おと》っている者を滅ぼして当然だ。餌に変えても奴隷に変えても構わない」という考え方を持っています。

これに当てはめてみると、日本の身近にある国家にも、おそらく、そうしたところはあるでしょう。この考え方を改《あらた》めさせる必要《ひつよう》があるのです。

さらに、宗教で一つにまとまっている国家であっても、非常《ひじょう》に暴力《ぼうりょく》的で、全体主義的な傾向《けいこう》を持っている宗教国家もあります。そういう宗教国家に対して、私は、「宗教のなかにある多元性、多元的な価値観《かちかん》を教え、もう少しお互《たが》いに融和《ゆうわ》し合える世界をつくらなければならない」ということを述《の》べています。

例《たと》えば、北朝鮮《きたちょうせん》や現在《げんざい》の中国のような国家では、そうとうな「人権侵害《しんがい》」がなされていますけれども、この考え方のなかには、先ほど述べたレプタリアン的なものもそうとう入っています。それを改めていただきたいのです。

ただ、同時に、その考え方によって被害《ひがい》を受けているイスラム教の国のなかにも、寛容性《かんよう》を欠《か》き、単に「自分たちの信じる神以外は存在《そんざい》しない」ということを理由にして、他国に対し、テロやゲリラ活動を繰《く》り返しているように見えているところもあります。こういうところについては、「相手をもう少し理解《りかい》し、受け入れる余地《よち》をつくりなさい」と説《と》いているのです。

あるいは、専制国家ではないかもしれませんが、例えば、最近《さいきん》、サウジアラビアでは、「初《はじ》めて女性に運転免許証《めんきょしょう》が発行された」というニュースがありました。そういうことは、やはり、宗教の名において、女性に対する一定の圧迫《あっぱく》が行われているとと言わざるをえないでしょう。こうしたところは、変えていかなければならないと思います。

しかしながら、無神論《むしんろん》の名において、例えば、ウイグルやチベット、内モンゴルといったところを一気に占領《せんりょう》したりするような行為は、やはり、許されるべきことではありません。

無神論の国家が、神を信じている国家をテロ国家のように言って占領する、あるいは完全支配《かんぜんしはい》し、場合によっては、唯物論《ゆいぶつろん》に基《もと》づいて百万人もの臓器移植《ぞうきいしょく》を行うようなことが仮《かり》になされているとしたならば、それは、幸福の科学の名においても、やはり、許すことはできないということです。

例えば、中国の自治区《じち》に、東トルキスタンとも、新疆《しんきょう》ウイグル自治区ともいわれているところがあります。ここは、もともとトルコ系から分かれてきた国と考えられており、アラビア語を読み、トルコの人のように話すところです。

ただ、たとえ、彼らが宗教において偏狭《へんきょう》であったとしても、あるいは、チベットにおける、「ダライ・ラマは死後、すぐに生まれ変わる」といった転生輪廻《てんしょうりんね》を宗教的に信じられなかったとしても、そうした宗教的な思想を持っている国が一方的に滅ぼされるという事態《じたい》は、間違ったことであると思われます。

地球人としての共通《きょうつう》のベース、「希《き》望《ぼう》の未来《みらい》」をつくるミッションへ

私たちは、北朝鮮に続き、中国やその近隣諸国《きんりんしょこく》において人権侵害が数多く行われていたら、そこに、「自由」「民主」「信仰」を打ち込《こ》み、さらに、「地球的に一つにまとまることができるような教え」を広げることによって、地球人としての共通《きょうつう》のベースをつくらなくてはなりません。そうしたことのために、これからの残《のこ》りの時間を費《つい》やしていきたいと思います。

その間《かん》、科学的にも、地球のレベルはもう少し上がっていくでしょう。そのときに、スペース・ブラザーズたちとの交流も行われるようになっていくと思います。

今、新しい宇宙時代に入りました。

あなたがたは、これから、今まで知らなかった自分たちの本来の源流《げんりゅう》と、未来《みらい》

の姿《すがた》が見えるようになります。

私たちは、そういう希望《きぼう》と不安《ふあん》が綯《な》い交《ま》ぜになった時代を生きていますけれども、これを完全に「希望の未来」へと変えるのが、幸福の科学のミッションです。

どうか、全世界の方々が、このミッションについてきてくださるよう、お願《ねが》いします。

一千億《おく》年の孤独《こどく》

今から一千億《おく》年ほど昔のことになります。
そのころ、この三次元の銀河系宇宙《ぎんがけいうちゅう》を創《つく》るという計画ができました。
そのときには、私はまだ個性化《こせい》はしていませんでしたが、
そのときの記憶《きおく》があります。

その一千億年の昔、この三次元の宇宙を創ろうとしたときに、
前に広がっているものは孤独《こどく》でした。
時間も空間も、まだなかった。

時間と空間ができないときは、
同じく念《おも》いを持ち、行動する人もなかった。

そうした孤独のときに、一つの念いが芽生《めば》え、
「空間を創ろう、時間を創ろう」
そう念って、永《なが》い永い孤独の間、この宇宙を創ってくるために、
私もその一助をなしてきました。

今から百億年ぐらい前になりますと、
私の記憶はもっとはっきりしてまいります。
この太陽系を創った、具体的な行動の一つひとつがよみがえってきます。

そして、やがて金星に高等生物を創ったとき、そのときも孤独でした。
それから、この地球に今から六億年ほど前に、
人類《じんるい》を創ろうと計画したときも孤独でした。

いつの時代も、新たな世界ができるとき、新たな時間ができるとき、
夜明けの前には、その底《そこ》が測《はか》れない孤独というものがあります。
この孤独は、神のなかに潜《ひそ》む青年の部分であると私は思います。
みなさんもおそらく、この若《わか》さのなかで、
一種《いっしゅ》の孤独のなかで生きておられることと思います。
その孤独を晴らさんがために、
大きな情熱《じょうねつ》というものが迸《ほとばし》り出てくるのだと思います。

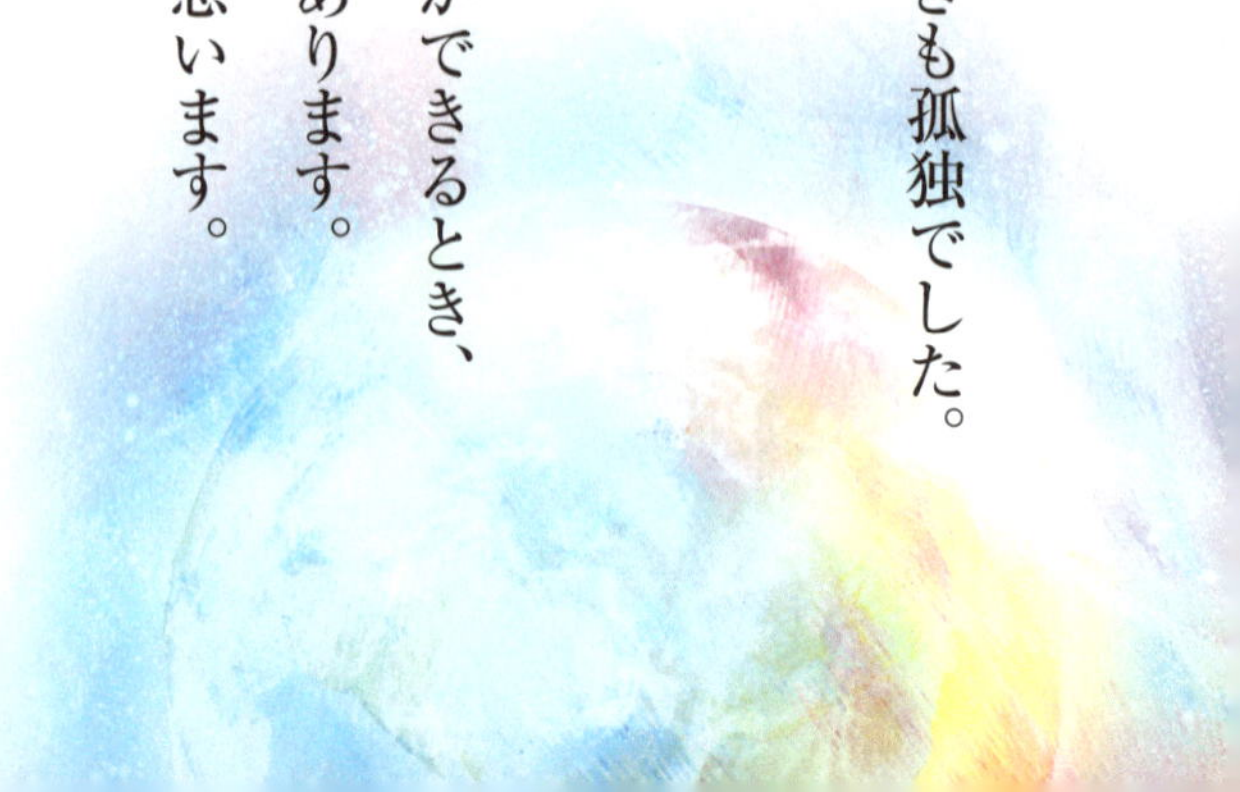

私は、青春の本質《ほんしつ》のなかには、孤独な時間と空間があると思います。
しかし、この孤独に負けてはならない、そう思います。

創造《そうぞう》の瞬間《しゅんかん》こそ、最《もっと》も孤独な瞬間であり、
その孤独の瞬間に立ち会っているということが、
みなさんが、まだ青い青い息吹《いぶき》を胸《むね》の内に持っている
ということだと思います。

●『平凡《へいぼん》からの出発』のなかにも書きましたが、
大人の人たちは、青くさいということを一笑《いっしょう》に付《ふ》すことがよくあります。

●『平凡からの出発』　現在、『若き日のエル・カンターレ―平凡からの出発―』（宗教法人幸福の科学刊）として刊行。

しかし、過去《かこ》の歴史《れきし》を見れば分かるように、
『黄金の法《ほう》』を見れば分かるように、
人類を変《か》え、世界を変え、
そして人々を幸福にしてきた人たちの思想は、思いは、行動は、
すべて、青くさいもので出来上がっていた。
この青くささを決して忘《わす》れてはならない。捨《す》ててはならない。
そのなかにこそ、大きな愛《あい》が芽生えていく土壌《どじょう》が
あるということを忘れてはならない。

孤独を抱《だ》きしめ、そして、
どこまでも、その悲しさを透明《とうめい》にしていきながら、

明日を変える言葉⑤

愛を風の如《ごと》く、清《きよ》らかで、さわやかで、
人々に感じるか感じないかのような姿《すがた》でもって、
そして、吹《ふ》き渡《わた》っていっていただきたいものだと思います。

第5章

The Power to Spread Love

愛《あい》を広げる力

あなたを突《つ》き動かす「神の愛」のエネルギー

1　人は「生まれ」ではなく、その「行為《こうい》」によって判断《はんだん》される

一つひとつの仕事を積《つ》み重ね、いろいろな人にアクセスする

幸福の科学では、二〇一七年十二月七日に、千葉《ちば》県の幕張《まくはり》メッセ国際展示場《こくさいてんじじょう》を本会場とし、日本全国と世界百カ国ぐらいを衛星中継《えいせいちゅうけい》でつなぎ、「エル・カンターレ祭」を開催《かいさい》しました。

一年の終わりごろに、締《し》めくくり的な祭典《さいてん》として話をしているのが、この「エル・カンターレ祭」での私の説法《せっぽう》です。

私は、二〇一七年に公式には百三十回以上《いじょう》の説法・霊言《れいげん》をしたのですが、通算で二千七百回には少し届《とど》かず、その達成《たっせい》は翌年《よくとし》に回りました。ただ、「ずいぶん

●その達成は……　2018年1月7日説法「『信仰の法』講義」で達成。

仕事が進んできたのではないか」と考えています。

二〇一七年の夏には、二十二年ぶりに東京ドームでも説法をしました。懐《なつ》かしく感じた面もありますが、遠方から参加《さんか》するみなさんが仕事を休んだりなさるのは困《こま》るので、時と場所を選《えら》ばなくてはいけないと思っています。

幕張メッセ国際展示場で講演《こうえん》をするときには、参加者は一万四千人ぐらいです。このくらいの規模《きぼ》だと、本会場は地元の人たちが大部分になるので、遠くから来る方のことをあまり気にせずに済《す》み、講演としては極《きわ》めてやりやすいと言えます。

「エル・カンターレ祭」のとき、私の説法の前に歌っておられた二人の歌手の方々も、「このくらいの会場なら、もう楽にやれる」という感じになってきているようです。幕張メッセは、歌を歌ったりするには一流の会場だと考えています。

ただ、私の説法は、本来は天上界《てんじょうかい》からしなければならないものなので、この地上では、どこで行《おこな》ってても十分ではありません。しかし、一つひとつの仕事を積《つ》み

●東京ドームでも……　2017年8月2日説法「人類の選択」。『信仰の法』（幸福の科学出版刊）第6章参照。

重ねていくことにより、いろいろな人々に、どこかの面でアクセスすることができれば幸いだと考えています。

もっともっと多くの人たちに伝《つた》える方法《ほうほう》を考えたい

本章では、テーマとして「愛《あい》」を選んでみました。「愛を広げる力」というテーマです。

これは幸福の科学の教えのなかでは、初心者《しょしんしゃ》の人でも分かるテーマです。また、当会で長く活動されている人であっても、「広げる力」というところに力点を置《お》けば、誰《だれ》しも、「まだまだ、これから」というところなのではないでしょうか。

私がこの仕事を始めたとき、世界の人口は五十億《おく》人ぐらいでした。昔の講演を聴《き》いてみたら、私はそう言っているのですが、今では、すでに七十六億人を超《こ》えたそうです。

しかし、人口の増加《ぞうか》に伝道《でんどう》が追いつかないでいます。どうしても追いつきません。人口のほうが増《ふ》えるのが速いのです。

日本では人口は増えないのですが、諸《しょ》外国では増えています。そういうことであれば、「私たちは、もっともっと多くの人たちに伝《つた》える方法《ほうほう》を考えていかなくてはならないのではないか」と思います。

それは、とりもなおさず、「私は大勢《おおぜい》の人々の前で説法をしているけれども、それには、『私の法話《ほうわ》の要点《ようてん》を押《お》さえて、数多くの人たちに、世界の人々に伝えてほしい』という願《ねが》いがついて回っている」ということなのです。

無名《むめい》の菩薩《ぼさつ》、無名の天使はまだ数多く眠《ねむ》っている

残念《ざんねん》ながら、すべての人の心に私の言葉を届けることができないでいます。

しかし、みなさんのなかには「無名《むめい》の菩薩《ぼさつ》」がまだ数多くいるでしょう。「無

名の光の天使」がまだ数多く眠《ねむ》っているはずです。まだ、その使命に、本当には気づいていない人がいると思うのです。

「自分はまだ社会的にそれほど有名でもないし、経験《けいけん》も浅《あさ》いし、成功者《せいこうしゃ》として十分に認《みと》められてもいない。ましてや、国際的に知られているということはまだない」という人は多いと思います。

それでよいのです。「有名だから、多くの人たちに愛を伝えられる存在《そんざい》になる」というわけでは決してありません。無名でよいのです。

無名の菩薩、大歓迎《だいかんげい》です。

無名の天使、大歓迎です。

「その人がいかなる人であるか」ということは、「生まれ」によってではなく、その人の「行為《こうい》」によって判断《はんだん》されます。

それは、二千五百年以上前の釈尊《しゃくそん》の言葉でもあります。

二千年前のイエスがなしたことも、ほぼ同じでしょう。

イエスの弟子《でし》には、いわゆる「この世的に偉《えら》い人」はいませんでした。どちらかといえば、漁師《りょうし》や、他の人から多少見下《みくだ》されるような職業《しょくぎょう》に就《つ》いている人たちで成《な》り立っていました。それが十二弟子（使徒《しと》）たちです。

今のエルサレムあたりから見ても、「平均《へいきん》まで達していない」と思われるぐらいの身分や職業、学歴《がくれき》の人たちが中心となり、数多くの迫害《はくがい》をかいくぐりながら、キリスト教を広めていったのです。

今、そのキリスト教には、二十二億人ぐらいの信者《しんじゃ》がいるのではないかと言われています。二千年の力とは、こういうものです。

イエスが亡《な》くなったとき、わずか数名しか近くにはいなかったはずです。イエスは、病人を治《なお》したときには数千の群衆《ぐんしゅう》に取り囲《かこ》まれていたこともありましたが、十字架《じゅうじか》に架かるときには、近くにいたのは数名だけです。

弟子たちのなかには、「自分は関係《かんけい》ない」と偽《いつわ》りを述《の》べた者もいました。それは、後《のち》に初代教皇《きょうこう》になったペテロです。

イエスは、さぞ悔《くや》しかったでしょう。あれだけ奇跡《きせき》を起こしたのに、奇跡を目撃《もくげき》したときには信じても、この世的に逆風《ぎゃくふう》が吹《ふ》き、受難《じゅなん》が来たら、イエスを見捨《みす》てて遠ざかっていく人たちを見て、悲しかったでしょう。

みなさんのなかには、私の講演を聴いているときには、かすかに感じるものがあっても、翌日からの日常《にちじょう》生活に帰っていくと、やはり、「この世の大多数の人が考えていることが本当なのかな」という思いに負けていく人が多いのではないでしょうか。

確《たし》かに、この世では民主主義《みんしゅしゅぎ》の原理が働《はたら》いていて、数多くの人の思いや行動には勝てないところがあります。しかしながら、「だからこそ、私たちの仕事は値《ね》打《う》ちのあるものである」と私は考えているのです。

2 あなたがたの内には「神の愛《あい》」が宿《やど》っている

「合理性」と「神秘性《しんぴ》」を併《あわ》せ持つところが幸福の科学の特徴《とくちょう》

日本は、さまざまなジャーナリズムが発達《はったつ》しており、北朝鮮《きたちょうせん》や中国に比《くら》べれば、はるかに自由に情報《じょうほう》を入手できる国ではありますが、それでも数多くの〝見えない壁《かべ》〟があります。

人々は報道を中心に知識《ちしき》を得《え》ることになりますが、放送の倫理《りんり》に関《かん》する規定《きてい》のなかには、例《たと》えば、「非《ひ》科学的なものは取り扱《あつか》わない」というような言葉がありま す。

現代《げんだい》においては、理数的な学問によって証明《しょうめい》できないものは「非科学的」と言われがちです。

特《とく》に、文部科学省《しょう》から、「文科系《けい》のなかにある文学部系統《けいとう》の学問は、もう大学には要《い》らないのではないか」という声さえ出てきています。二〇〇一年に文部省と科学技術庁《ぎじゅつちょう》が一つになって文部科学省ができ、教育が科学によって支配《しはい》されるようになってきたため、「科学によって証明されないものは学問ではない」と思われ始めているのです。

これは、とても残念《ざんねん》なことです。「宗教《しゅうきょう》のみならず、学問にとっても残念なことである」と私は考えています。

「実験《じっけん》で繰《く》り返し再現《さいげん》できる」ということは、それほどまでに大事なのでしょうか。

私は、二〇一〇年ぐらいから、新しく霊言集《れいげんしゅう》を次々と出しており、二〇一七年の年末《ねんまつ》までに、霊言集だけで四百五十書以上《いじょう》も発刊《はっかん》しました（注。二〇一八年十一月時点で五百書以上)。これは大変《たいへん》な数です。

これも、実験と言えば実験ですし、証明と言えば証明ですが、終わりのない証明であることは私にも分かっています。ただ、「それを積《つ》み重ねていくことによって、信《しん》じる人が増《ふ》えていくことだけは間違《まちが》いないであろう」と考えています。

私は、「日本の国論《こくろん》を大きく引っ繰り返していきたい」と思っているのです。

今、私の著作《ちょさく》は二十九言語に翻訳《ほんやく》され、世界各地《かくち》で読まれています。アフリカでは、すでに数千万人がテレビで私の説法《せっぽう》を観《み》ましたし、私の著作を読んでいる人もたくさんいます。

ところが、前述《ぜんじゅつ》したように、日本においては、「非科学的なるものは取り扱わない」というような、いわゆる「常識《じょうしき》」があるので、そうしたものがテレビで取り扱われることはほとんどありません。たまに扱われることがあっても、番組の最後《さいご》に、「これは非科学的なものを肯定《こうてい》する番組ではございません」というよう

●私の著作は……　説法時点。2018年10月時点で30言語に翻訳されている。

な断《ことわ》り書きがつくかたちになっています。

また、新聞の紙面においても、「非科学的なものは扱わない」という方針《ほうしん》は、はっきりと出ていると思います。

私は、宗教家にしては実に珍《めずら》しいほど、合理的、論理的で説得力《せっとくりょく》のある教えを説《と》いています。また、現代的な学問の粋《すい》を集めた内容《ないよう》を説いており、学問的に検《けん》証《しょう》できるところに関しては、それに十分に堪《た》えられるだけの内容になっています。「合理性」と「神秘性《しんぴ》」を併《あわ》せ持つところが、幸福の科学の教えの特徴《とくちょう》の一つなのです。


しかし、「事実は事実、真実は真実」


ただ、これ以上、この世のルールに迎合《げいごう》するつもりはありません。

なぜならば、「事実は事実、真実は真実」だからです。

「この世的な方法論《ほうほうろん》で固《かた》められたやり方によって認《みと》められた場合だけが正しくて、それ以外は正しくない」という考えは、それ自体が傲慢《ごうまん》なのではないでしょうか。

科学をもって語ったとしても、この地上において、また、宇宙《うちゅう》において、「未《み》知《ち》なるもの」はいくらでもあります。

それから、私が説いている教えのなかには、「未来科学に相当するもの」がかなり入っています。今の科学では分からないところまで説いています。

ただ、それについては少し抑《おさ》え気味ではあります。そうしたものには、教団《きょうだん》の内部では説いても、外には出していない部分がよくあります。そのため、外国にいる人たちからは、「もっとストレートに出したほうがよいのではないか」と言われることもあります。

例えば、アメリカ合衆国《がっしゅうこく》の人たちは、「ＵＦＯや宇宙人？　そんなの常識ですよ。

もっとバンバン言ったらいいじゃないですか。日本は何に遠慮《えんりょ》しているんですか。物足りないので、もっとはっきり言ってください。どうして、内部出版《しゅっぱん》にして外に見せないようにするんですか」と言っています。

宇宙人関係のものを日本のマスコミなどは信じたがらないので、当会はそれをあまり外に出さないようにしているのですが、海外の人は、「もっとはっきり言ってください。NASA《ナサ》（米航空宇宙局《こうくう》）やハリウッドに負けてはいけません。もっと先まで行《い》ってほしいのです」と言ってくれています。

二〇一八年十月に公開のアニメ映画《えいが》「宇宙の法―黎明編《れいめいへん》―」（製作総指揮《せいさくそうしき》・大川隆法）など、「宇宙の法」に関する連作《れんさく》の映画を今後も製作していくつもりですが、そこでは今まで誰《だれ》も説いたことのない秘密《ひみつ》が明かされています。

アニメであれば、信じようが信じまいが、日本人も情報として観ることはできるでしょう。その情報の裏付《うらづ》けは、そうとうなところまで取れています。そういうものが少しずつ明らかになっていくでしょう。

過去《かこ》のさまざまな宗教《しゅうきょう》を超《こ》えて、もっと先まで

今あなたがたに説かれている教えは、過去《かこ》にあった、さまざまな宗教《しゅうきょう》の焼《や》き直しや集大成《しゅうたいせい》ではありません。それらをはるかに超《こ》えたものです。

なぜならば、それが「始まりの法」であり、「終わりの法」であるからです。

私はすべてを明かします。私がすべてを明かす条件《じょうけん》は、この地上に「信ずる人」が増えていくことです。それが前提《ぜんてい》となります。それでであってこそ、すべてを明かしていくことが可能《かのう》になります。

もし、あなたがたが、「生きている間に一つでも多く本当のことを知りたい」と思うのであるならば、どうか仲間《なかま》を増やしてください。信じる人を増やしてください。また、幸福の科学の本を読み、当会の映画を観、その活動に参加《さんか》してく

れる方を増やしてください。

さすれば、私は、みなさんに教えなければならないことを、持っている「法」を、もっともっと明らかにできると思います。

私の持っている「法」から見れば、イエスの教えも仏陀《ぶっだ》の教えも小さなものです。私は、もっと大きな法を実は持っています。

ただ、この国は、「その法が説かれるにふさわしい器《うつわ》であるかどうか」ということを、今、問われています。

幸福の科学を立宗《りっしゅう》して三十年以上がたちました。今、〝壁〟が出てきています。これを超えられるでしょうか。幸福の科学は、「戦後《せんご》、最大に成功《せいこう》した宗教」の一つではありますが、この〝見えない壁〟は、当会を数多くの宗教の一つに分類《ぶんるい》して終わらせようとする力であり、括弧《かっこ》付きの「常識」です。

しかし、私たちには、数多くの宗教の一つとして定義《ていぎ》され、説明《せつめい》されるつもりはありません。それを通り越《こ》し、もっと先まで、もっとはるかに向こうまで行きたいのです。

「魂《たましい》の本質《ほんしつ》」に迫《せま》れるのは「神」か「預言者《よげんしゃ》」だけ

学校で習う常識や会社で通用する常識、あるいはメディアで通用する常識から見たら、不思議《ふしぎ》に思えるでしょうが、私の講演《こうえん》は人間だけが聴《き》いているのではありません。

例えば、この法話《ほうわ》を説いた二〇一七年の「エル・カンターレ祭」のときには、会場の上空にＵＦＯがたくさん来ていました。彼らは、地球のものよりもっとよい機械《きかい》を持っているので、私の説法は即座《そくざ》に翻訳され、いろいろなところにつながり、宇宙人たちがそれを観ているのです。

二千五百年前の仏陀のときもそうで、彼らはきちんと聴きに来ていましたが、今も聴きに来ています。

彼らは、「地球がどう変《か》わるか」ということに関心を持っており、地球が変わっていく瞬間《しゅんかん》を目撃《もくげき》し、記録《きろく》しようとしているのです。

その気持ちはよく分かります。彼らの一部は、はるかなる昔に自分たちの仲間を地球に送った者たちなので、「地球で生きている人たちが、その後、どうなっていくのか」ということを、ずっと見ています。また、「地球という文明圏《けん》で、どのような魂《たましい》実験ができるのか」ということも、ずっと見ているのです。

そういうことも私は語ってあります。それは、私が最初《さいしょ》に出した理論書である『太陽の法』（幸福の科学出版刊）のなかに、すでに書かれています。私がそれを書いたのは一九八六年です。それから三十年以上の歳月《さいげつ》が流れています。

もちろん、そう簡単《かんたん》に信じられることではないかもしれません。「あの世のことさえ信じられないのだから、それ以外の世界のことなど分からない」と言う人もいるでしょう。

また、当会は、すでに亡《な》くなられて、今はあの世の世界にいる人の霊言集を出していますし、まだ生きている人の「守護霊霊言《しゅごれいれいげん》」というものも出しています。

まことに不思議なことでしょう。これについては学校で教わっていないし、親が幸福の科学の信者でなければ説明を聞いてもいないので、これをどう判断《はんだん》したらよいか、分からない人は大勢《おおぜい》いるでしょう。

しかしながら、みなさんは、今、「自分とは何者であるか」ということを、歴《れき》史上《しじょう》、初《はじ》めて明らかにされようとしているのです。

過去には、カントやヘーゲル、ハイデガーなど、偉《えら》い哲学者《てつがくしゃ》もいました。しかし、彼らがどれだけ「魂の本質《ほんしつ》」に迫《せま》ることができましたか。彼らの著書に書いてありますか。「あの世の世界」について、「魂のきょうだい」について、「天上界《てんじょうかい》の生活」について、「生まれ変わり」について、哲学で語っていますか。

語れていないでしょう。

それを語ることができる者は、「神」か、神から言葉を預《あず》かる「預言者《よげんしゃ》」だけです。

あなたがたは、今、そういうときに接《せっ》しているのです。

「霊的《れいてき》なるもの」の本質《ほんしつ》は「愛《あい》」である

私は、あなたがたに告《つ》げたい。

この宇宙は、本当は、「目に見えるもの」ではなく、「目に見えないもの」によって出来上がっています。

その「目に見えないもの」とは何であるかというと、それが「霊的《れいてき》なる存在《そんざい》」です。さまざまなものが「霊的なるもの」で出来上がっています。

その「霊的なるもの」の正体、本質《ほんしつ》とは何であるかといえば、それが「愛《あい》」であることを、私はあなたがたに伝《つた》えたいのです。

宇宙は「神の愛」によって創《つく》られました。また、地球を含《ふく》む、さまざまな銀河《ぎんが》系、惑星系《わくせい》のなかには、人類型《がた》や動物型、植物型など、さまざまな生き物がいますが、万象万物《ばんしょうばんぶつ》すべてに「神の愛」が宿《やど》っています。

あなたがたの目に見せることはできなくても、あなたがたの心のなかには、私の言葉を感じられるところがあるはずです。

なぜ感じられるのでしょうか。

それは、あなたがたの内に「神の愛」が宿っているからです。

だから私は、「人間は神の子だ」と言っているのです。

あなたがたが神の子であることは、あなたがたが全知全能《ぜんちぜんのう》で、向かうところ敵《てき》なく、何でも成《な》せることによるのではなく、あなたがたのなかに「愛」が存在していることによるのです。どの人の内にも「愛」が存在しています。

本章では、その「愛」に話を絞《しぼ》り、もう一段《いちだん》、語っておきたいと思うのです。

3 「生かされている自分」に気づけ

「誰《だれ》からも愛《あい》されていない」と思っているあなたへ

この地上において、愛《あい》に関《かん》する最《もっと》も大きな間違《まちが》いは、「愛は他人《ひと》から奪《うば》うものだ」と考えることです。

テレビドラマを観《み》ても、映画《えいが》を観ても、ほとんどそうでしょう。「男女の愛」や「家族の愛」を中心にしている物語の多くは、「いかに多く他の人から愛を得《え》るかが大事である。他の人から愛を奪えたら幸福で、愛を奪えないか失《うしな》うかしたら不幸《ふこう》になる」というロジックでドラマがつくられているはずです。

そのロジックは教わらなくても感じるものであるようです。

しかし、宗教《しゅうきょう》というものに接《せっ》したなら、この「常識《じょうしき》」のラインを越《こ》えなくてはなりません。愛は「ギブ・アンド・テイク」ではないのです。「自分がもらい、他の人にあげる」という交換経済《こうかんけいざい》とは違います。そういうものではありません。

この世で生きていく間に、人と人との間で、さまざまな交換がなされることはあります。そのなかには「ギブ・アンド・テイク」もあります。それを否定《ひてい》するつもりはありません。

ただ、私が説《と》いている愛は、そういうものではありません。「愛とは与《あた》えるものである」ということを、私は最初《さいしょ》から説いています。『太陽の法《ほう》』（前掲《ぜんけい》）から、三十数年間、ずっと説いているのです。

多くの人は、他の人からもらうことばかりを考えています。愛を他の人に与えることに関し、どうして、そんなに戸惑《とまど》い、迷《まよ》い、損《そん》をすることのように感じるのでしょうか。愛を欲《ほ》しい人が地上に溢《あふ》れているのに、どうして、自分も「もっと欲しい」と思うのでしょうか。

あっちにも、こっちにも、愛を欲しい人ばかりが溢れていて、愛を与える人は極《きわ》めて少ない状態《じょうたい》になっています。

そこで、私はあなたがたに言います。「他の誰《だれ》からも自分は愛されていない」と思っている人が、もし、みなさんのなかに一人でも存在《そんざい》しているとするならば、私はあえて言います。

私は、そんなあなたも愛しています。

あなたがた一人ひとりを愛しています。

だから、繰《く》り返し、繰り返し、地上における困難《こんなん》な伝道《でんどう》活動をやっています。

あなたがたから見れば、永遠《えいえん》の過去《かこ》に近い昔から現在《げんざい》まで、そして、未来《みらい》においてこの地球が寿命《じゅみょう》を終えるまで、私の責任《せきにん》が終わることはありません。

生かされているから、「感謝《かんしゃ》の心」「報恩《ほうおん》の心」が出てくる

みなさん、愛を他の人に与えるには一円も要《い》らないのです。

それは、あなたが心のなかで思いの方向性を変《か》えるだけのことなのです。

「他の人から愛をもらえば幸福だ」と思う考え方を改《あらた》めてください。

「自分は『神が下《くだ》さった愛』が宿《やど》って生きている存在である」ということを知ってください。

すでに与えられています。

すべてのものは、すでに与えられているのです。

生きようとするのではなく、「自分は、今、生かされているのだ」ということを知ってください。

あなたは生かされています。

数多くの力によって生かされているのです。

私の講演会《こうえんかい》の会場に来た方たちは、「独力《どくりょく》で来た」と思っているかもしれません。しかし、「その方たちが会場の地に来るためには、実は、目に見えぬ数多くの人々の力が積《つ》み重なっているのだ」と私は思います。

「生かされている自分」ということに気がつかなければ、「愛を与える」というところに思い至《いた》らないのです。生かされているから、「感謝《かんしゃ》の心」が出てきます。また、生かされているから、「報恩《ほうおん》の心」が出てくるのです。

あなたも生かされているのですから、「苦しんでいる人たち、困《こま》っている人たち、弱っている人たち、こういう人たちに対して自分ができることは何か」ということを考えてほしいと思います。

自分の立場で、できることがあるはず

みなさんは、それぞれ、「年齢《ねんれい》」も「性別《せいべつ》」も「職業《しょくぎょう》」も「収入《しゅうにゅう》」も「社会的な立場」も違うでしょうが、それを超《こ》え、自分の立場で、自分の名前で、できることがあるはずです。

私がいくら演壇《えんだん》で話をしても、私自身にはできないことを、あなたがた一人ひとりは成《な》し遂《と》げることができるのです。その可能《かのう》性を持っています。例《たと》えば、あなたがたの家庭に光を灯《とも》すことに関しては、私よりも、あなたがた一人ひとりのほうが、もっと高い可能性を持っているのです。

もし、きょうだいで憎《にく》み合っているなら、憎むことをやめて和解《わかい》し、もっとよくなる方法はないか、考えられませんか。

もし、夫婦《ふうふ》間にいさかいがあって苦しんでいるなら、得られないことばかりを

考えるのではなく、今までに自分の伴侶《はんりょ》から与えられた愛の数々を、一度、思い出してみてはいかがでしょうか。

相手に愛されたことの数々を、すでに忘《わす》れているのではないでしょうか。それを忘れ、現在ただいまにおいて、自分が与えられていないことばかりを悔《く》いてはいないでしょうか。

そうであるならば、自分に与えられたものの多さを知り、「自分もまた、他の人に与えることができる存在である」ということに気づかなくてはならないのです。

4　愛《あい》しているなら行動せよ

智慧《ちえ》を持って与《あた》えれば、多くの人々を「生かす」ことができる

現在《げんざい》のジャーナリズムにおいては、愛《あい》は「男女の愛」として語られることが多いのですが、愛のなかには、もっともっと大きな力があります。

自分に縁《えん》があって身近にいる人たちを愛するのは、「そもそもの始まり」ではありますが、自《みずか》らが智慧《ちえ》を宿《やど》し、その智慧の力を使うことによって、「より多くの人々を愛する」こともできるはずです。勉強をし、仕事で学びを深め、智慧をつけることによって、「より多くの人々に影響《えいきょう》を与《あた》える」こともできるのです。

例《たと》えば、会社の経営《けいえい》においても、多くの従業員《じゅうぎょういん》を雇《やと》い、また、その会社の活動

を通して、実社会に多くのものを与えていくことができるはずです。

仕事のなかに愛を込《こ》めれば、自分に身近な人への愛以外《いがい》の愛がそこに出現し、大きな力が出てきます。「会社レベル」でも、「市町村レベル」でも、「国のレベル」でも、「外交レベル」でも、そうした大きな愛の実践《じっせん》は可能《かのう》です。

そのためには、知識《ちしき》や経験《けいけん》と、そこから生み出される智慧が必要《ひつよう》です。智慧を持って与えることにより、他の多くの人々を生かすことができるようになります。

国際関係《こくさいかんけい》においても、それは可能でしょう。智慧ある国が、まだ智慧のついてきていない国をどうやって助けるか。それを真剣《しんけん》に考えることによって、世界の未来《みらい》は、少しずつ少しずつ変《か》わっていくことになるだろうと思います。

他の人を「許《ゆる》す」ことが難《むずか》しいのは……

この世に生きている人間にとって、他の人を許《ゆる》すことは、とても難《むずか》しいことではありますが、あなたがたには「許す力」というものも与えられています。人は間違《まちが》いを犯《おか》します。個人《こじん》としてだけではなく、組織《そしき》のなかで生きている者も、国単位《たんい》で生きている者も、間違いを犯すことがあります。

もちろん、間違いは「間違い」として、邪悪《じゃあく》なるものは「邪悪なるもの」として、判断《はんだん》できるだけの智慧は必要です。

しかしながら、それで終わりではありません。なぜならば、「裁《さば》くこと」があなたがたの仕事ではないからです。あなたがたは、他の人を裁いてはなりません。あなたがたは、他の人たちの仕事を裁いてはなりません。

共《とも》に未熟《みじゅく》に生きる者たちです。未熟ではありますが、多少なりとも先を進んでいるか、少し遅《おく》れているか、かなり遅れているか、そういう差《さ》は現代においてはありましょう。ただ、「根本《こんぽん》に愛を宿した存在《そんざい》である」ということでは誰《だれ》もが同じなのです。

「平和」のために「正義《せいぎ》」がある

私は、もうずいぶん昔から、国際情勢《じょうせい》に関して話をしてきています。例えば、北朝鮮《きたちょうせん》問題についても述《の》べてきていますし、中国の問題についても述べてきています。

私は「彼らも同じ人間だ」と思っています。ただ、その国土しか選《えら》べなかった人たちの不幸《ふこう》が、かわいそうでなりません。

北朝鮮に関して、私は何度も政治《せいじ》的な発言をしてきましたし、宗教《しゅうきょう》的にもいろいろなことを述べてきました。

このままでは、おそらく●戦争《せんそう》になるかもしれません。大きな戦争が起きたときに死ぬ人々の多くは、北朝鮮で貧《まず》しさに苦しんでいる人たちです。そういう人たちを本当は助けたいのです。しかし、専制《せんせい》政治によって抑《おさ》え込まれ、国を脱出《だっしゅつ》す

●**戦争に**……　本講演や霊言等で繰り返しトランプ大統領や北朝鮮《きたちょうせん》側にも呼びかけた結果、2018年6月12日、米朝首脳会談が開かれ、北朝鮮側が非核《ひかく》化に合意。大規模《だいきぼ》な戦争はほぼ避《さ》けられる見込みとなった。『北朝鮮の実質ナンバー2　金与正《キムヨジョン》の実像　守護霊《しゅごれい》インタビュー』（幸福の科学出版刊）等参照。

ることもできないでいる人たちは、解放《かいほう》しなければ助けられません。

私も悲しいのです。「戦争をしろ」「爆弾《ばくだん》を人の頭の上から落とせ」などと言いたくはないのです。

しかし、悪《あ》しき体制が多くの人々を奴隷《どれい》のように苦しめているならば、その体制を壊《こわ》さなくてはなりません。「智慧を持って、未来の救《すく》いのために、やらねばならないことをしていかなくてはならない」と思っています。

「正義《せいぎ》」のために「平和」があるのではありません。

「平和」のために「正義」はあるのです。

ここを勘違《かんちが》いしないでいただきたいと思います。

「今は平和だから、何もしないでよい」と思うなら、それは間違いです。これから来る未来において、新しい平和をつくり出すために、正義が要《い》るのです。

全世界の人々の考え方はおそらく違うと思いますが、ここ日本においては、この正義の考えがとてもとても弱く、現状維持《げんじょういじ》のまま平和が続《つづ》いていくことを正義だと考えている人がいます。

しかし、正義とは、これから来る未来に平和をもたらす活動をも含《ふく》んでいるものなのです。

「邪悪《じゃあく》なる体制《たいせい》」から人々を解放《かいほう》する「神の正義《せいぎ》」

「邪悪《じゃあく》なる体制《たいせい》」によって多くの人たちが苦しんでいるのなら、その人たちを解放《かいほう》しなければなりません。

「邪悪なる体制」とはいったい何でしょうか。

その国から逃《に》げようとしても逃げられない国。外国に行っている人が、その国に帰りたいと思っても、帰ってこられないような国。帰ってきたら処刑《しょけい》されてしまうような国。こういう国はおかしいのです。

また、政権《せいけん》を担《にな》っている者が情報統制《じょうほうとうせい》をし、自分たちの考えに反する情報を一切《いっさい》流させず、例えば、ノーベル平和賞《しょう》を受賞した人についても、それを国民《こくみん》にまったく知らせないような政府《せいふ》。これもやはりおかしいのです。

こうした邪悪なるものを「邪悪なるもの」として、キッチリと認識《にんしき》しなくてはなりません。そして、その正義《せいぎ》を争《あらそ》いのために使うのではなく、新しい未来の平和のために、道を拓《ひら》いていくために使わなくてはなりません。

この点においては、日本の政府も国民もマスコミも、まだまだ後手《ごて》に回っていると思います。それは、根本において「神の正義」が見えていないからだと思います。

神の正義は、「善悪《ぜんあく》を分け、悪を叩《たた》き潰《つぶ》す」ということだけではありません。

この地上に生きているもののすべてを神は愛しているのです。

愛しているから、「発言」が、「行動」が、「勇気《ゆうき》」が必要になってきます。

黙《だま》っていてはいけないのです。

5 愛《あい》の神、主エル・カンターレを信《しん》じよ

「宗教《しゅうきょう》の違《ちが》い」や「文化の違い」を強調しすぎてはならない

幸福の科学は、勢《いきお》いを失《うしな》って歴史《れきし》的な小さい宗教《しゅうきょう》になってはいけません。世界のさまざまな宗教を乗り越《こ》えていける考え方を、世界に広めていかなくてはならないのです。

アメリカのトランプ大統領《だいとうりょう》は、「決断力《けつだんりょく》」と「勇気《ゆうき》」のある方だと思います。北朝鮮《きたちょうせん》問題も、この人にかかっていると思います。

ただ、彼が「エルサレムをイスラエルの首都とする」と言ったことにより、ア

ラブ陣営《じんえい》との対立が深まりもしました。

私の答えを言えば、「それは小さなことだ」と思っています。

ユダヤの人たちが「エルサレムを首都としたい」と思うことは別《べつ》に構《かま》いません。天上界《てんじょうかい》の高級霊《こうきゅうれい》たち、「神」と呼《よ》ばれる歴史上の人たちは、それほど心は狭《せま》くありません。そんなことで、この世が混乱《こんらん》に陥《おちい》ることなど望《のぞ》んでいないのです。

この地上に「聖地《せいち》」というものはあるかもしれませんが、それは、あくまでも、あの世にある神仏《しんぶつ》につながっていくための縁《よすが》にしかすぎません。そうした「手《しゅ》段《だん》」と「目的」とを間違《まちが》えてはいけないのではないでしょうか。

私たちは、「宗教の違い」や「文化の違い」を強調しすぎることのないようにしなくてはいけません。

また、今のインドのように、「生まれ変《か》わり」の思想を、まだまだ残《のこ》っているカースト制度《せいど》のようなものの根拠《こんきょ》に使うこともいけません。

「過去世《かこぜ》の業《ごう》がよかったから、今は偉《えら》いカーストに生まれている」「過去世が悪かったから、今は貧《まず》しいところに生まれている」などという固定的《こてい》な生まれ変わりを、私は認《みと》めていないのです。

「その人が立派《りっぱ》であるか否《いな》か」ということは、本章の最初《さいしょ》のほうで述《の》べたとおり、その「行《おこな》い」のみによって判断《はんだん》されます。

愛《あい》がすべてを一つにする

あなたがたが、たとえ有名であろうと無名《むめい》であろうと、

「あなたがたが菩薩《ぼさつ》であるかどうか」ということは、

あなたがたのなしたこと、

「人を生かす心と行動」、

「人を許《ゆる》す心と行動」、

これにかかっているのです。
許しがたきを許しなさい。
あなたがたを迫害《はくがい》し、差別《さべつ》し、白眼視《はくがんし》する人をも許しなさい。
それが、あなたがたに課《か》せられた、大きな大きな力なのです。
あなたがたは、今、力を授《さず》かっています。
それは「天上の力」です。
「神の力」です。
「地球神の力」です。
ならば、この力によって、
邪悪《じゃあく》なる国に生まれた者たちをも最終的に許し、
乗り越えていくだけの「包容力《ほうようりょく》」を持ってください。
未来《みらい》を確実《かくじつ》に明るいものへと進めていくために、

勇気ある一歩を、毎日毎日、歩んでください。
そして、
「小さな日本という枠《わく》を超《こ》え、
東洋という枠を超え、
地球という枠を超えて、
愛《あい》がすべてを一つにする」
ということを信《しん》じてください。

神があなたを愛《あい》したように愛せよ

あなたがたの主エル・カンターレは「愛《あい》の神」です。
いちばん大切なのは、
「汝《なんじ》の主なる神を愛せよ」という言葉です。

これは、言い換《か》えれば、
「汝らの愛の神を信ぜよ」ということです。
そして、第二に大事なのは、
「汝の隣人《となりびと》を愛せよ」ということです。
「あなたがたに利害《りがい》があろうとなかろうと、
あなたがたが人生の途上《とじょう》で出会う多くの人たちを愛しなさい。
神があなたがたを愛したように愛しなさい」
と私は述べているのです。
全世界のみなさんに伝《つた》えたい。
私は、あなたがたすべてを、愛しています。

あとがき

深くかつ激しい本であろう。人間たちにここまで求めているのが神の心である。

あなたがたに、自我我欲《じががよく》や無償《むしょう》の愛、自己犠牲《じこぎせい》の本当の意味がわかるだろうか。

本書には、また、『宇宙の法』への序章《じょしょう》も書かれている。霊界を信じるだけでも大変なのに、スペース・ブラザーズ（宇宙の同胞《どうほう》）の実在《じつざい》まで信じ切ることができるか。

そして創造主《そうぞうしゅ》の思いには、『始原《しげん》の法』と『宇宙の法』が交錯《こうさく》する。本書を乗り超《こ》えることができなければ、大宇宙の創造の法にはとうてい届《とど》かない。

本当の神の悟りを知りたくば、本書に書かれた愛の実践《じっせん》をせよ。奇跡《きせき》が、単純な宇宙のルールにしか過ぎないことがわかるだろう。

二〇一八年　十二月

幸福《こうふく》の科学《かがく》グループ創始者兼総裁《そうししゃけんそうさい》　大川隆法《おおかわりゅうほう》

本書は左記の法話をとりまとめ、加筆したものです。

第1章　情熱の高め方
二〇一八年二月三日説法
宮崎県・都城市総合文化ホール

第2章　自己犠牲の精神
二〇一七年十一月二十二日説法
幸福の科学 特別説法堂

第3章　青銅の扉
二〇一八年三月十四日説法
東京都・幸福の科学総合本部

第4章　宇宙時代の幕開け
二〇一八年七月四日説法
埼玉県・さいたまスーパーアリーナ

第5章　愛を広げる力
二〇一七年十二月七日説法
千葉県・幕張メッセ国際展示場

明日を変える言葉①　『心の調和と健康生活　実修編』
第1部「心の調和と健康生活」より

明日を変える言葉②　『勇気の法』第5章「真実の人生を生き切れ」より

明日を変える言葉③　『繁栄の法則』第1章「繁栄の法則」より

明日を変える言葉④　『信仰と愛』第2章「信仰と愛」より

明日を変える言葉⑤　「一千億年の孤独」（一九八九年九月十六日）より

『青銅の法』 大川隆法著作関連書籍

『太陽の法』（幸福の科学出版刊）
『黄金の法』（同右）
『勇気の法』（同右）
『信仰の法』（同右）
『繁栄の法則』（同右）
『大川隆法 インド・ネパール 巡錫の軌跡』（同右）
『信仰と愛』（同右）
『ザ・コンタクト』（同右）
『知られざる天才作曲家 水澤有一「神秘の音楽」を語る』（同右）
『未来創造の経済学──公開霊言 ハイエク・ケインズ・シュンペーター──』（同右）
『ゾロアスターとマイトレーヤーの降臨』（同右）
『パラオ諸島ペリリュー島守備隊長 中川州男大佐の霊言』（同右）
『沖縄戦の司令官・牛島満中将の霊言』（同右）

『硫黄島　栗林忠道中将の霊言　日本人への伝言』（同右）
『嫁の心得　山内一豊の妻に学ぶ』（同右）
『ダークサイド・ムーンの遠隔透視』（同右）
『ネバダ州米軍基地「エリア51」の遠隔透視』（同右）
『大日孁貴の霊言』（同右）
『公開霊言　超古代文明ムーの大王　ラ・ムーの本心』（同右）
『アトランティス文明の真相——大導師トス　アガシャー大王　公開霊言——』（同右）
『北朝鮮の実質ナンバー2　金与正の実像　守護霊インタビュー』（同右）

※左記は書店では取り扱っておりません。最寄りの精舎・支部・拠点までお問い合わせください。
『心の調和と健康生活　実修編』（宗教法人幸福の科学刊）
『大川隆法霊言全集　第5巻　イエス・キリストの霊言』（同右）
『大川隆法霊言全集　第13巻　卑弥呼の霊言／弟橘媛の霊言』（同右）
『若き日のエル・カンターレ——平凡からの出発——』（同右）

青銅《せいどう》の法《ほう》　──人類のルーツに目覚め、愛に生きる──

2019年1月1日　初版第1刷
2019年1月6日　　　第6刷

著　者　　大《おお》　川《かわ》　隆《りゅう》　法《ほう》

発行所　　幸福の科学出版株式会社

〒107-0052 東京都港区赤坂2丁目10番14号
TEL(03)5573-7700
https://www.irhpress.co.jp/

印刷・製本　株式会社 堀内印刷所

落丁・乱丁本はおとりかえいたします

ISBN978-4-8233-0043-1 C0014

大川隆法 法シリーズ・**人生の目的と使命を知る《基本三法》**

太陽の法

エル・カンターレへの道

創世記や愛の段階、悟りの構造、文明の流転を明快に説き、主エル・カンターレの真実の使命を示した、仏法真理の基本書。14言語に翻訳され、世界累計1000万部を超える大ベストセラー。

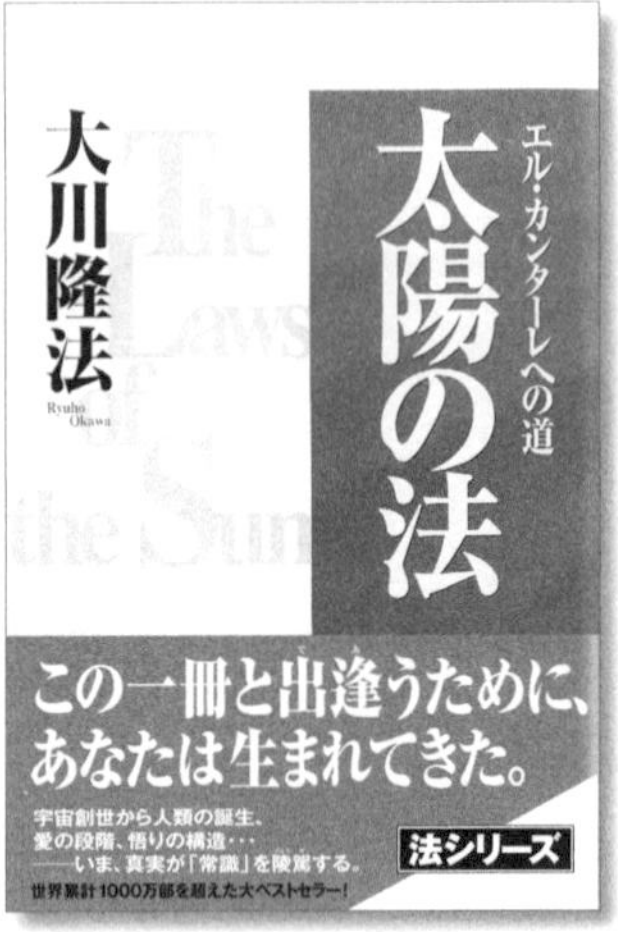

第１章　太陽の昇る時
第２章　仏法真理は語る
第３章　愛の大河
第４章　悟りの極致
第５章　黄金の時代
第６章　エル・カンターレへの道

2,000円

黄金の法

エル・カンターレの歴史観

歴史上の偉人たちの活躍を鳥瞰しつつ、隠されていた人類の秘史を公開し、人類の未来をも予言した、空前絶後の人類史。

2,000円

永遠の法

エル・カンターレの世界観

『太陽の法』（法体系）、『黄金の法』（時間論）に続いて、本書は、空間論を開示し、次元構造など、霊界の真の姿を明確に解き明かす。

2,000円

※表示価格は本体価格（税別）です。

大川隆法ベストセラーズ・法シリーズ

信仰の法

地球神エル・カンターレとは

さまざまな民族や宗教の違いを超えて、地球をひとつに――。文明の重大な岐路に立つ人類へ、「地球神」からのメッセージ。

2,000円

伝道の法

人生の「真実」に目覚める時

人生の悩みや苦しみはどうしたら解決できるのか。世界の争いや憎しみはどうしたらなくなるのか。ここに、ほんとうの「答え」がある。

2,000円

正義の法

憎しみを超えて、愛を取れ

テロ事件、中東紛争、中国の軍拡――。どうすれば世界から争いがなくなるのか。あらゆる価値観の対立を超える「正義」とは何かを指し示す。

2,000円

大川隆法ベストセラーズ・新時代のリーダーとなる

人格力

優しさと厳しさのリーダーシップ

月刊「ザ・リバティ」に連載された著者の論稿が書籍化。ビジネス成功論、リーダー論、そして、日本を成長させ、世界のリーダーとなるための「秘術」が書き込まれた一冊。

1,600円

創造的人間の秘密

あなたの無限の可能性を引き出し、AI時代に勝ち残る人材になるための、「創造力」「知的体力」「忍耐力」の磨き方が分かる一冊。

1,600円

国家繁栄の条件

「国防意識」と「経営マインド」の強化を

現在の国防危機や憲法問題を招いた「吉田ドクトリン」からの脱却や、国家運営における「経営の視点」の必要性など、「日本の進む道」を指し示す。

1,500円

大川隆法 霊言シリーズ・国際情勢を読む

守護霊インタビュー トランプ大統領の決意

北朝鮮問題の結末と その先のシナリオ

英語霊言 日本語訳付き

"宥和《ゆうわ》ムード"で終わった南北会談。トランプ大統領は米朝会談を控え、いかなるビジョンを描くのか。今後の対北朝鮮戦略のトップシークレットに迫る。

1,400円

北朝鮮の実質ナンバー2 金《キム》与《ヨ》正《ジョン》の実像 守護霊インタビュー

米朝会談は成功か、失敗か? 北朝鮮の実質ナンバー2である金与正氏守護霊が、世界中のメディアが読み切れない、その衝撃の舞台裏を率直に語った。

1,400円

習近平守護霊 ウイグル弾圧を語る

ウイグル"強制収容所"の実態、チャイナ・マネーによる世界支配戦略、宇宙進出の野望——。暴走する独裁国家の狙いを読み、人権と信仰を守るための一書。

1,400円

大川隆法 霊言シリーズ・真理に尽くす生き方

キリストの幸福論

失敗、挫折、苦難、困難、病気……。この世的な不幸に打ち克つ本当の幸福とは何か。2000 年の時を超えてイエスが現代人に贈る奇跡のメッセージ！

1,500円

ヤン・フス ジャンヌ・ダルクの霊言

信仰と神の正義を語る

内なる信念を貫いた宗教改革者と神の声に導かれた奇跡の少女——。「神の正義」のために戦った、人類史に燦然と輝く聖人の真実に迫る！

1,500円

ソクラテスの幸福論

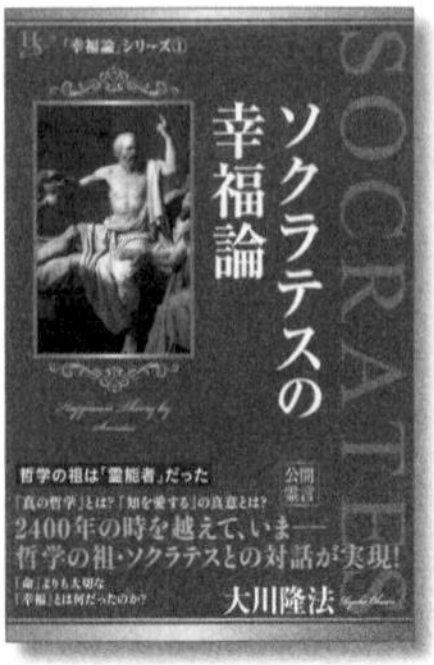

諸学問の基礎と言われる哲学には、必ず"宗教的背景"が隠されている。知を愛し、自らの信念を貫くために毒杯をあおいだ哲学の祖・ソクラテスが語る「幸福論」。

1,500円

※表示価格は本体価格（税別）です。

幸福の科学グループのご案内

宗教、教育、政治、出版などの活動を通じて、地球的ユートピアの実現を目指しています。

幸福の科学

一九八六年に立宗。信仰の対象は、地球系霊団の最高大霊、主エル・カンターレ。世界百カ国以上の国々に信者を持ち、全人類救済という尊い使命のもと、信者は、「愛」と「悟り」と「ユートピア建設」の教えの実践、伝道に励んでいます。

（二〇一八年十一月現在）

愛

幸福の科学の「愛」とは、与える愛です。これは、仏教の慈悲《じひ》や布施《ふせ》の精神と同じことです。信者は、仏法真理をお伝えすることを通して、多くの方に幸福な人生を送っていただくための活動に励んでいます。

悟り

「悟り」とは、自らが仏の子であることを知るということです。教学《きょうがく》や精神統一によって心を磨き、智慧《ちえ》を得て悩みを解決すると共に、天使・菩薩《ぼさつ》の境地を目指し、より多くの人を救える力を身につけていきます。

ユートピア建設

私たち人間は、地上に理想世界を建設するという尊い使命を持って生まれてきています。社会の悪を押しとどめ、善を推し進めるために、信者はさまざまな活動に積極的に参加しています。

国内外の世界で貧困や災害、心の病で苦しんでいる人々に対しては、現地メンバーや支援団体と連携して、物心両面にわたり、あらゆる手段で手を差し伸べています。

年間約３万人の自殺者を減らすため、全国各地で街頭キャンペーンを展開しています。

公式サイト **www.withyou-hs.net**

ヘレン・ケラーを理想として活動する、ハンディキャップを持つ方とボランティアの会です。視聴覚障害者、肢体不自由な方々に仏法真理を学んでいただくための、さまざまなサポートをしています。

公式サイト **www.helen-hs.net**

入会のご案内

幸福の科学では、大川隆法総裁が説く仏法真理《ぶっぽうしんり》をもとに、「どうすれば幸福になれるのか、また、他の人を幸福にできるのか」を学び、実践しています。

入会

仏法真理を学んでみたい方へ

大川隆法総裁の教えを信じ、学ぼうとする方なら、どなたでも入会できます。入会された方には、『入会版「正心法語《しょうしんほうご》」』が授与されます。

ネット入会 入会ご希望の方はネットからも入会できます。
happy-science.jp/joinus

三帰《さんき》誓願《せいがん》

信仰をさらに深めたい方へ

仏弟子としてさらに信仰を深めたい方は、仏《ぶっ》・法《ぽう》・僧《そう》の三宝《さんぽう》への帰依を誓う「三帰誓願式」を受けることができます。三帰誓願者には、『仏説・正心法語』『祈願文《きがんもん》①』『祈願文②』『エル・カンターレへの祈り』が授与されます。

幸福の科学 サービスセンター
TEL 03-5793-1727
受付時間／
火～金：10～20時
土・日祝：10～18時
（月曜を除く）

幸福の科学 公式サイト
happy-science.jp

仏法真理塾「サクセスNo.1」

全国に本校・拠点・支部校を展開する、幸福の科学による信仰教育の機関です。小学生・中学生・高校生を対象に、信仰教育・徳育にウエイトを置きつつ、将来、社会人として活躍するための学力養成にも力を注いでいます。

TEL 03-5750-0747（東京本校）

エンゼルプランV TEL 03-5750-0757

幼少時からの心の教育を大切にして、信仰をベースにした幼児教育を行っています。

不登校児支援スクール「ネバー・マインド」 TEL 03-5750-1741

心の面からのアプローチを重視して、不登校の子供たちを支援しています。

ユー・アー・エンゼル！（あなたは天使！）運動

一般社団法人 ユー・アー・エンゼル TEL 03-6426-7797

障害児の不安や悩みに取り組み、ご両親を励まし、勇気づける、
障害児支援のボランティア運動を展開しています。

NPO活動支援

学校からのいじめ追放を目指し、さまざまな社会提言をしています。また、各地でのシンポジウムや学校への啓発ポスター掲示等に取り組む一般財団法人「いじめから子供を守ろうネットワーク」を支援しています。

公式サイト mamoro.org ブログ blog.mamoro.org

相談窓口 TEL.03-5544-8989

百歳まで生きる会

「百歳まで生きる会」は、生涯現役人生を掲げ、友達づくり、生きがいづくりをめざしている幸福の科学のシニア信者の集まりです。

シニア・プラン21

生涯反省で人生を再生・新生し、希望に満ちた生涯現役人生を生きる仏法真理道場です。定期的に開催される研修には、年齢を問わず、多くの方が参加しています。全国159カ所、海外12カ所で開校中。

【東京校】TEL 03-6384-0778 FAX 03-6384-0779
メール senior-plan@kofuku-no-kagaku.or.jp

幸福実現党

内憂外患《ないゆうがいかん》の国難に立ち向かうべく、2009年5月に幸福実現党を立党しました。創立者である大川隆法党総裁の精神的指導のもと、宗教だけでは解決できない問題に取り組み、幸福を具体化するための力になっています。

幸福実現党 釈量子サイト **shaku-ryoko.net**

Twitter **釈量子@shakuryoko**で検索

党の機関紙
「幸福実現NEWS」

幸福実現党　党員募集中

あなたも幸福を実現する政治に参画しませんか。

○幸福実現党の理念と綱領、政策に賛同する18歳以上の方なら、どなたでも参加いただけます。

○党費:正党員(年額5千円[学生 年額2千円])、特別党員(年額10万円以上)、家族党員(年額2千円)

○党員資格は党費を入金された日から1年間です。

○正党員、特別党員の皆様には機関紙「幸福実現NEWS(党員版)」が送付されます。

＊申込書は、下記、幸福実現党公式サイトでダウンロードできます。

住所:〒107-0052　東京都港区赤坂2-10-8 6階 幸福実現党本部

TEL **03-6441-0754**　FAX **03-6441-0764**

公式サイト **hr-party.jp**　若者向け政治サイト **truthyouth.jp**

幸福の科学出版

大川隆法総裁の仏法真理の書を中心に、ビジネス、自己啓発、小説など、さまざまなジャンルの書籍・雑誌を出版しています。他にも、映画事業、文学・学術発展のための振興事業、テレビ・ラジオ番組の提供など、幸福の科学文化を広げる事業を行っています。

アー・ユー・ハッピー？
are-you-happy.com

ザ・リバティ
the-liberty.com

幸福の科学出版
TEL **03-5573-7700**
公式サイト **irhpress.co.jp**

THE FACT
ザ・ファクト
マスコミが報道しない
「事実」を世界に伝える
ネット・オピニオン番組

Youtubeにて
随時好評
配信中！

ザ・ファクト　検索

NEW STAR PRODUCTION

ニュースター・プロダクション

「新時代の“美しさ”」を創造する芸能プロダクションです。2016年3月に映画「天使に“アイム・ファイン”」を、2017年5月には映画「君のまなざし」を公開しています。 公式サイト **newstarpro.co.jp**

ARI Production

ARI《アリ》 Production《プロダクション》

タレント一人ひとりの個性や魅力を引き出し、「新時代を創造するエンターテインメント」をコンセプトに、世の中に精神的価値のある作品を提供していく芸能プロダクションです。 公式サイト **aripro.co.jp**

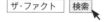

大川隆法　講演会のご案内

大川隆法総裁の講演会が全国各地で開催されています。講演のなかでは、毎回、「世界教師」としての立場から、幸福な人生を生きるための心の教えをはじめ、世界各地で起きている宗教対立、紛争、国際政治や経済といった時事問題に対する指針など、日本と世界がさらなる繁栄の未来を実現するための道筋が示されています。

2018年7月4日 さいたまスーパーアリーナ「宇宙時代の幕開け」

2017年5月14日 ロームシアター京都「永遠なるものを求めて」

2017年8月2日 東京ドーム「人類の選択」

2018年2月3日 都城市総合文化ホール(宮崎県)「情熱の高め方」

2017年12月7日 幕張メッセ(千葉県)「愛を広げる力」

講演会には、どなたでもご参加いただけます。最新の講演会の開催情報はこちらへ。⟹ 大川隆法総裁公式サイト https://ryuho-okawa.org